BIBLIOTHÈQUE
PORTATIVE
DES VOYAGES.
TOME XVI.

CONDITIONS DE LA SOUSCRIPTION.

L'ouvrage sera publié en 12 *livraisons*, qui seront mises en vente de mois en mois, à dater du 15 *Mai*; chaque livraison sera composée de 4 volumes ; la dernière seule en aura 5, et sera néanmoins du même prix que les précédentes.

Le prix de chaque livraison, pour les personnes qui souscriront avant le 1er *Juillet prochain*, est fixé, sur papier fin, à . . 5 fr.

Papier d'Angoulême, Nom-de-Jésus. 8

Papier vélin satiné, fig. avant la lettre. 10

Papier vélin satiné, Nom-de-Jésus, figures avant la lettre 15

Passé le 1er Juillet, le prix pour les non-souscripteurs, sera, en papier fin. . 6

Papier d'Angoulême, Nom-de-Jésus. 10

Papier vélin satiné. 12

Papier vélin satiné, Nom-de-Jésus. . 20

Il faut ajouter 1 fr. 50 c. au prix de chaque livraison pour recevoir l'ouvrage franc de port par la poste.

ON NE PAYE RIEN D'AVANCE.

DE L'IMPRIMERIE DE G. MUNIER.—AN VII.

BIBLIOTHÈQUE

PORTATIVE

DES VOYAGES,

TRADUITE DE L'ANGLAIS

Par MM. HENRY et BRETON,

TOME XVI.

~~~~~~

PREMIER VOYAGE DE COOK.

TOME III.

PARIS,

Chez LEPETIT, libraire, rue
Saint-André-des-Arcs, n.º 2.
1817.

VOYAGES DE COOK.

RELATION

D'un voyage fait autour du monde, dans les années 1768, 1769, 1770 et 1771, par JAMES COOK, commandant le vaisseau du roi l'*Endeavour*.

CHAPITRE VI.

Vol du quart de nonante. — Ses suites. — Détention de Tootahah, et réconciliation. — Noms que les Otahitiens donnèrent à nos compagnons.

LE 30 avril de la même année 1769, nous continuâmes à nous tenir sur nos gardes. Tomio accourut à la tente vers dix heures du matin. Elle paroissoit affligée ; elle fit entendre à M. Banks, confident habituel des Otahitiens, que Touboura•-Tamaïdé se mouroit par l'effet de quelque chose que nos compatriotes lui avoient donné à manger. M. Banks se rendit chez le malade ; il le trouva la tête appuyée contre un poteau, et dans l'attitude de l'accablement et de la douleur. Les Indiens qui l'entouroient firent signe qu'il avoit vomi, et montrèrent une feuille, pliée avec soin, où ils prétendoient qu'étoit renfermé le poison qui l'incommodoit. M. Banks n'y vit autre chose que du tabac que nos gens avoient eu l'indiscrétion de donner à Toubouraï-Tamaïdé. Celui-ci s'étant aperçu que nos matelots en mâchoient, voulut en faire autant, et l'avala. Pendant cet examen, le chef tournoit sur M. Banks des regards langoureux, et cherchoit à lui faire entendre qu'il n'avoit plus beaucoup de temps à vivre ; mais M. Banks le rassura, et lui ordonna seulement de boire beaucoup de lait de cocos; ce remède opéra subitement la guérison.

M. Stephens, secrétaire de l'amirauté, avoit fait fabriquer une hache de fer sur le modèle d'un pareil instrument en pierre, que le capitaine Wallis avoit rapporté d'Otahiti. Le premier mai, j'en fis présent à Tootahah, qui, l'ayant vue parmi d'autres objets, la demanda avec empressement. Sur ma réponse favorable, il l'emporta sur-le-champ, comme s'il eût craint que je ne me rétractasse.

Vers midi, un des chefs vint à bord avec quelques-unes de ses femmes; je lui offris à dîner; mais, à mon grand étonnement, il ne touchoit à rien ; il restoit immobile comme une statue. Assurément il seroit parti sans dîner, si un de mes domestiques ne lui eût porté les morceaux à la bouche.

Le 2 mai, je descendis à terre avec M. Green, pour placer notre quart de nonante, que j'y avois fait porter la veille. Il n'est pas possible d'exprimer le chagrin que nous ressentîmes en ne le trouvant pas. Nous soupçonnâmes d'abord qu'il avoit été volé par quelqu'un de l'équipage, qui, en voyant un étui dont il ignoroit le contenu, se seroit imaginé qu'il renfermoit des clous, ou quelqu'autre marchandise; mais nos recherches, à cet égard, furent infructueuses, et nous rejetâmes le soupçon sur les insulaires. MM. Banks et Green se mirent en marche, et, en traversant la rivière, ils rencontrèrent Toubouraï-Tamaïdé, qui figuroit sur sa main un triangle, avec trois brins de paille. M. Banks, ne doutant plus de la réalité de nos conjectures, fit des démarches infatigables; et conduit par Toubouraï-Tamaïdé, il trouva un Otahitien, qui tenoit dans sa main une partie de l'instrument. Pressé par la foule des Indiens qui augmentoit à chaque instant, il traça un cercle sur l'herbe, et les Otahitiens se placèrent en dehors paisiblement et sans tumulte. Alors M. Banks leur ordonna de rapporter, au milieu du cercle, la boîte du quart de nonante, plusieurs lunettes, et d'autres petits effets volés auparavant. Les Otahitiens remirent dans le cercle tout ce qu'ils avoient pris, à l'exception du pied de l'instrument, et de quelques autres parties moins importantes.

Plusieurs personnes se détachèrent, pour aller à la recherche de ces objets, et les rapportèrent, hormis le pied, que Toubouraï-Tamaïdé promit de faire rendre incessamment.

MM. Banks et Green se disposèrent à revenir, parce qu'ils pouvoient facilement suppléer ce qui manquoit. Sur les huit heures, M. Banks se rendit au fort avec Toubouraï-Tamaïdé, et fut surpris d'y trouver Tootahah gardé à vue. Des Otahitiens effrayés entouroient la porte du camp ; M. Banks en fit entrer quelques-uns. Le spectacle étoit attendrissant : Toubouraï-Tamaïdé courut se jeter dans les bras de Tootahah ; tous deux fondirent en larmes. Les autres Indiens n'étoient pas moins affligés ; ils ne doutoient point qu'on ne voulût ôter la vie à leur chef. J'arrivai un quart-d'heure après, et fus très-étonné de cet incident. On s'étoit saisi de Tootahah contre mes ordres ; je le remis aussitôt en liberté.

Voici ce qui s'étoit passé :

Les naturels, alarmés de nos préparatifs pour retrouver les effets volés, commencèrent le soir à s'éloigner du fort, et à emporter leurs effets. M. Gore, mon second lieutenant, qui avoit reçu l'injonction de ne laisser passer aucune pirogue, en ayant vu une double sortir du fond de la baie, envoya le contremaître avec un bateau, pour l'arrêter. Les Indiens épouvantés, se jetèrent dans la mer. Tootahah, qui se trouvoit du nombre, fut fait seul prisonnier. M. Gore l'envoya au fort, sans faire attention à l'ordre que j'avois donné de ne détenir personne. Les naturels étoient si fort persuadés qu'on alloit ôter la vie à Tootahah, qu'ils ne furent tranquille quilles que lorsqu'ils le virent hors du fort. Ils le reçurent comme si c'eût été un père échappé à un danger imminent. Tootahah, dans le premier mouvement de reconnoissance, nous offrit un présent de deux cochons ; mais nous sentîmes que, dans cette conjoncture, nous n'en étions pas dignes, et nous ne les acceptâmes qu'après plusieurs refus réitérés.

Apparemment que Tootahah conçut une arrière-pensée, car le surlendemain, il nous envoya demander, en retour, une hache et une chemise. Je répondis que je les lui donnerois lorsqu'il se présenteroit lui-même. Ce parti étoit nécessaire, parce que notre agression avoit aliéné l'esprit des Indiens, et qu'une réconciliation étoit urgente. Il nous renvoya, le jour suivant, un autre messager. Je répondis que M. Banks et moi, nous irions lui rendre visite le lendemain, et que nous lui porterions ce qu'il souhaitoit.

Le 15, en effet, nous fûmes à sa résidence, qu'on nomme *Eparée*, en langue du pays.

Une foule considérable nous attendoit sur le rivage : il nous eût été impossible de la traverser, si un homme, grand et de bonne mine, ne nous eût ouvert le passage. Sa tête étoit ornée d'une espèce de turban ; il avoit à la main un bâton blanc dont il frappoit, sans ménagement, ceux qui étoient autour de lui. Il nous conduisit vers le chef, aux acclamations de la multitude, qui crioit : *Taïo Tootahah!* (*Tootahah est votre ami.*)

Introduits à son audience, nous le vîmes, semblable à un ancien patriarche, assis sous un arbre, et environné de vénérables vieillards. Il nous fit signe de nous asseoir, et nous demanda sur-le-champ sa hache, que je lui présentai, ainsi que la chemise, avec un habit de drap, façonné à la mode du pays, et garni d'un ruban. Il reçut ce présent avec satisfaction, et endossa de suite le vêtement; mais il donna la chemise à l'homme qui nous avoit ouvert le passage.

Peu de temps après, Obéréa et plusieurs autres femmes de notre connoissance, vinrent se placer autour de nous. Tootahah sortit plusieurs fois. Comme ses absences n'étoient pas longues, nous pensions que c'étoit pour faire parade de son nouvel accoutrement ; mais c'étoit pour ordonner les apprêts d'un festin. On nous dit, en effet, qu'il nous attendoit dans un autre endroit. Nous le trouvâmes assis sous la banne du bateau qui nous avoit amenés. Tous ceux que le bateau pouvoit contenir y entrèrent. Il fit alors apporter du fruit à pain et des noix de cocos, dont nous mangeâmes plutôt par complaisance que par appétit.

Peu de temps après, on vint l'avertir ; il sortit du bateau, et vint nous chercher ensuite. On nous conduisit dans un enclos attenant à sa maison, palissadé de bambous de trois pieds de haut. On y avoit préparé un divertissement absolument nouveau pour nous; c'étoit un combat de lutte. Les juges des jeux étoient assis en demi-cercle ; des siéges étoient disposés pour nous; mais nous préférâmes être en liberté parmi les spectateurs.

Dix ou douze hommes, qui n'avoient d'autre vêtement qu'une ceinture d'étoffe, entrèrent dans l'arène; ils en firent le tour à pas lents et les regards baissés, la main gauche sur la poitrine; de la droite, qui étoit ouverte, ils frappoient souvent l'avant-bras de la première avec tant de force, que le coup produisoit un son aigu : c'étoit une provocation que se faisoient les combattans entr'eux, ou qu'ils adressoient aux spectateurs. D'autres champions suivirent bientôt ceux-ci de la même manière; ensuite, ils se donnèrent des défis particuliers, et chacun d'eux fit choix d'un adversaire. Cette cérémonie consistoit à joindre les bouts des doigts, et à les porter sur sa poitrine, en remuant en même temps les coudes en haut et en bas, avec beaucoup d'agilité. Celui que le lutteur provoquoit, acceptoit son défi; il répétoit les mêmes signes, et tous deux se mettoient en posture de combattre.

Une minute après, ils en venoient aux mains. Chacun s'efforçoit d'abord de saisir son adversaire par la cuisse, ou, s'il n'en venoit point à bout, par la main, les cheveux, la ceinture, ou autrement. Ils s'accrochoient, en un mot, sans adresse et sans grâce, jusqu'à ce qu'un des combattans, profitant d'un moment avantageux, ou ayant plus de force musculaire, renversât l'autre.

Le combat terminé, les vieillards applaudissoient au vainqueur, par quelques mots que toute l'assemblée répétoit en chœur, sur une espèce de modulation. La victoire étoit ordinairement célébrée par trois acclamations. Le spectacle étoit suspendu pendant quelques minutes. Ensuite un autre couple renouveloit le même combat. Si, après peu de temps, un des athlètes n'étoit pas mis à terre, ils se séparoient d'un commun accord, ou par l'intervention de leurs amis ; et, dans ce cas, chacun étendoit son bras, pour faire un nouveau défi au même adversaire, ou à un autre.

Pendant toute la lutte, une autre troupe exécutoit une danse qui ne duroit également qu'une minute, mais les danseurs et les lutteurs ne faisoient aucune attention les uns aux autres. Ces jeux durèrent environ deux heures, pendant lesquelles le même homme qui nous avoit fait faire place lors de notre débarquement, retenoit les Indiens à une distance convenable, en frappant rudement de son bâton ceux qui vouloient trop s'avancer.

Notre réconciliation avec Tootahah, fit sur les Otahitiens toute l'impression que nous pouvions souhaiter. Les provisions de toute espèce nous arrivèrent en grande abondance. Comme les cochons étoient toujours fort rares, M. Molineux, notre maître, et M. Green, firent, le 8 de grand matin, avec la princesse, une excursion à l'est d'Otahiti, pour savoir s'il leur seroit possible d'acheter des porcs ou de la volaille dans cette partie de l'île. Après avoir parcouru environ vingt milles, ils aperçurent plusieurs cochons et une tourterelle, qu'on ne voulut pas leur vendre, parce que, disoit-on, ils appartenoient tous à Tootahah. Cela nous fit croire que Tootahah étoit un grand prince, puisqu'il avoit une autorité si absolue et qui s'étendoit si loin. Nous sûmes depuis qu'il administroit le gouvernement de cette portion de l'île, au nom d'un mineur que nous n'avons jamais pu voir pendant notre séjour à Otahiti. M. Green, de retour, nous rapporta qu'il avoit vu un arbre d'une grandeur si énorme et si prodigieuse, qu'il avoit soixante verges de tour. MM. Solander et Banks lui apprirent que c'étoit une espèce de figuier, dont les branches, en se recourbant vers la terre, y avoient jeté de nouvelles racines, et qu'il étoit aisé de se tromper, en prenant pour un seul arbre cet assemblage de tiges étroitement réunies par une végétation commune.

Le 9 mai, dans la matinée, Obéréa vint nous voir, accompagnée d'Obadée son favori, et de Tupia, son intendant. Ils nous offrirent un cochon et quelques fruits à pain. Nous leur donnâmes en retour une hache. Nous avions alors procuré à nos amis les Indiens, un spectacle intéressant et curieux. Notre forge étoit dressée et travailloit continuellement. Ils nous donnoient des morceaux de fer, que nous pensâmes qu'ils avoient reçus du *Dauphin*, et nous prioient de leur en façonner divers instrumens. On se rendoit volontiers à leur desir, à moins que les besoins du vaisseau n'employassent tout le temps du serrurier. Obéréa ayant reçu sa hache, nous engagea à lui en faire une autre avec de la vieille mitraille qu'elle nous montra. Je répondis que c'étoit impossible. Alors elle nous rapporta une hache cassée, afin de la raccommoder. Je fus charmé de cette occasion, qui me fournit le moyen de regagner ses bonnes grâces. Sa hache fut remise en état, et elle parut satisfaite.

Ce fut seulement le 16 mai que nous apprîmes que l'île portoit le nom d'*Otahiti*. Nous reconnûmes, avec beaucoup de chagrin, qu'il étoit impossible d'apprendre aux Otahitiens à prononcer nos noms : lorsqu'ils s'y essayèrent, ils proféroient des mots tout-à-fait différens. Ainsi ils me nommoient *Toute*; ils appeloient M. Hichs, *Hete*. Ils ne purent jamais réussir à articuler Molineux. Au lieu de *Robert*, nom de baptême de notre *maître*, ils disoient *Boba*. Ils nommoient M. Gore,

Gore, *Toarro;* le docteur Solander, *Torano;* M. Banks, *Tapane;* M. Green, *Etérée;* M. Parkinson, *Patini;* M. Iporing, *Polini;* M. Petersgill, *Petrodoro*. Ils avoient, de cette manière, fabriqué des noms pour tout l'équipage. C'étoient peut-être moins des sons vagues et arbitraires, que des expressions significatives dans leur idiôme. Par exemple, ils appelèrent *Matté*, M. Monkhouse, l'officier de poupe qui se trouvoit commander le détachement lors du vol du fusil. Le mot *matté*, qui, en leur langue, veut dire *mort*, faisoit allusion à cette aventure.

CHAPITRE VII.

Arrivée de plusieurs femmes au fort.—
Cérémonies singulières.

Le 12 mai, M. Banks faisoit des échanges dans son bateau, accompagné de Tootahah et de plusieurs autres Indiens. Entre neuf et dix heures, il arriva une double pirogue où se trouvoient assis un homme et deux femmes. Les Otahitiens qui se trouvoient près de M. Banks, lui dirent, par signes, d'aller à leur rencontre; ce qu'il fit. Mais l'homme et les deux femmes s'étoient déja avancés à quinze pas de lui : ils s'arrêtèrent alors, et l'invitèrent, par leurs gestes, à en faire de même. Ils jetèrent à terre une douzaine de jeunes planes et d'autres petits végétaux. M. Banks s'arrêta, et les Indiens s'étant formés en haie, un Otahitien, qui sembloit un serviteur, passa et repassa à six fois différentes; et à chaque tour, il en remit une branche à M. Banks, en prononçant toujours quelques paroles mystiques. Tupia remplissoit les fonctions de maître de cérémonies. A mesure que M. Banks recevoit les rameaux, il les plaçoit dans le bateau.

Après cette cérémonie, un autre homme apporta un gros paquet d'étoffes, qu'il étendit dans l'espace qui se trouvoit entre M. Banks et les Indiens qui lui rendoient visite. Il y avoit neuf pièces; il en plaça trois l'une sur l'autre, et alors une des femmes, appelée *Oorattooa*, la plus distinguée d'entr'elles, monta sur ces tapis, et, retroussant ses habits jusqu'à la ceinture, elle en fit trois fois le tour avec lenteur et gravité. Elle mettoit, dans ce cérémonial, un sérieux, un air de simplicité et d'innocence qu'il est impossible de se figurer ; ensuite elle laissa retomber ses vêtemens, et se remit à sa place. On étendit trois autres pièces sur les trois premières ; elle y remonta, et recommença les mêmes cérémonies. Enfin, les trois dernières pièces furent posées sur les six autres, et elle répéta les mêmes actions.

Alors les Otahitiens replièrent les étoffes, et les présentèrent à M.

Banks, comme un don de cette femme, qui s'avança avec son ami pour le saluer. M. Banks leur fit, à tous deux, les dons qu'il jugeoit devoir leur être le plus agréables.

Le lendemain, M. Banks voulant aller se promener à l'ombre pendant la chaleur du jour, fit une excursion dans les bois, portant son fusil comme à l'ordinaire. A son retour, il trouva Toubouraï-Tamaïdé. Comme il s'étoit arrêté pour causer quelque temps avec lui, l'insulaire lui arracha tout-à-coup le fusil des mains, l'arma, et l'ajustant en l'air, il lâcha la détente : heureusement, l'amorce brûla, sans que le coup partît. M. Banks lui reprit son fusil, très-étonné de voir qu'il eût acquis assez de connoissance du mécanisme des armes à feu, pour les décharger. Il lui reprocha, avec sévérité, son action, parce qu'il nous importoit de ne pas apprendre aux Otahitiens le maniement de nos fusils. Toubouraï-Tamaïdé supporta, avec patience, ses représentations ; mais dès que M. Banks eut traversé la rivière, l'Indien partit avec sa famille et tous ses meubles, pour sa maison d'Eparée. Les Otahitiens qui étoient au fort ne tardèrent pas à savoir cette nouvelle, et nous craignîmes les suites du départ de Toubouraï-Tamaïdé, qui, dans toutes les occasions, nous avoit été fort utile. M. Banks prit le parti d'aller solliciter son retour ; il se rendit chez lui le même soir, avec

M. Molineux. Ils le trouvèrent assis au milieu d'un grand cercle de ses compatriotes, à qui, sans doute, il avoit appris sa mésaventure. Son visage présentoit l'image de la douleur et de l'accablement. Les mêmes passions étoient empreintes avec la même énergie, sur la figure des insulaires présens.

MM. Banks et Molineux entrèrent dans le cercle. Une des femmes exprima son affliction de la même manière que *Térapo*, dans une autre circonstance, c'est-à-dire, en se perçant plusieurs fois la tête avec une dent de goulu de mer, jusqu'à ce qu'elle fût inondée de sang. M. Banks n'eut pas de peine à les consoler. Toubouraï-Tamaïdé, remis de sa colère, ordonna de tenir prête une double pirogue. Ils revinrent tous ensemble au fort avant le souper; et, pour gage d'une réconciliation complète, l'Indien et sa femme passèrent la nuit dans la tente de M. Banks.

Le dimanche 14, j'ordonnai la célébration, au fort, de l'office divin. M. Banks alla chercher Touboraï-Tamaïdé, ainsi que sa femme Tomio; il espéroit que ces cérémonies occasionneroient quelques questions de leur part; il les fit asseoir sur des siéges, et se plaça près d'eux. Pendant tout le service, ils observoient, avec attention, ses postures et l'imitoient scrupuleusement. Ils s'asseyoient, se tenoient debout, ou se mettoient à genoux, suivant qu'ils le voyoient faire à M. Banks

Ils comprenoient que nous étions occupés à quelque chose de sérieux et d'important, et ils ordonnèrent à ceux des Otahitiens qui étoient hors du fort, de garder le silence; cependant, après la célébration, ils ne firent, ni l'un ni l'autre, aucune question, et ils affectoient de ne pas écouter nos explications.

Témoins de nos cérémonies religieuses de la matinée, les Indiens voulurent nous en montrer, dans l'après-midi, des leurs qui étoient fort différentes. Un jeune homme de près de six pieds, et une jeune fille de onze à douze ans, firent un sacrifice à Vénus, en présence de plusieurs Anglois et d'un grand nombre d'insulaires, sans paroître attacher aucune idée d'indécence à cet acte, et ne s'y livrant, au contraire, à ce qu'il sembloit, que pour se conformer à l'usage du pays. Il se trouvoit, parmi les assistans, des femmes d'un rang distingué, et notamment Obéréa, laquelle présidoit, en quelque façon, la cérémonie ; car elle donnoit à la jeune fille des instructions sur la manière dont elle devoit remplir son rôle ; mais quoique celle-ci fût très-jeune, elle ne paroissoit pas avoir besoin de conseils.

Le 14 et le 15, nous eûmes une occasion de connoître si tous les Otahitiens trempoient dans les complots que quelques-uns de leurs compatriotes méditoient contre nous. Dans la nuit du 13 au 14, on vola une de nos futailles, qui étoit à côté du fort. Le matin, nous ne vîmes pas un habitant qui ne fût instruit du vol; cependant ils paroissoient tous disposés à retrouver le tonneau. M. Banks alla pour le chercher dans une partie de la baie où l'on nous dit qu'il avoit été caché dans une pirogue; mais comme cette futaille ne nous étoit pas très-nécessaire, il ne prit pas beaucoup de peine pour la recouvrer. A son retour, Toubouraï-Tamaïdé nous dit qu'avant la matinée du jour suivant, on nous voleroit une autre pièce. Il n'est pas facile de conjecturer comment il pouvoit être instruit du projet; il est certain néanmoins qu'il n'y trempoit pas, car il vint, avec sa femme et sa famille, dans l'endroit où étoient placées nos futailles; il voulut y dresser ses lits, en disant qu'en dépit du voleur, il nous donneroit un garant de leur sûreté. Nous refusâmes son offre, et nous lui fîmes comprendre qu'on placeroit une sentinelle jusqu'au matin, pour garder les tonneaux. Le soir, il se retira, et fit signe à la sentinelle, en la quittant, d'être bien sur ses gardes. Nous ne tardâmes pas à reconnoître que ce chef avoit été bien informé. Vers minuit, le voleur s'approcha; mais ayant aperçu un soldat, il se retira sans rien dérober.

L'aventure du couteau avoit beaucoup augmenté la confiance de M. Banks en Toubouraï-Tamaïdé, et il ne s'en défioit aucunement: cependant celui-ci se vit, dans la suite,

suite, exposé à des tentations que sa probité et son bonheur ne purent vaincre. Un panier de clous eut pour lui des charmes irrésistibles. Les clous étoient d'une plus grande dimension que ceux que nous avions jusque-là répandus dans le commerce; ils avoient été laissés, sans doute par négligence, dans un coin de la tente de M. Banks.

Toubouraï-Tamaïdé ayant relevé, par mégarde, un pan de son habillement, sous lequel il en avoit caché un, le domestique de M. Banks l'aperçut, et le dit à son maître. M. Banks courut au panier, et ne trouva plus que deux clous, au lieu de sept; il accusa, avec répugnance, Toubouraï-Tamaïdé de ce délit. L'Otahitien avoua le fait, et répondit que les clous étoient à Éparée; cependant il finit par en montrer un, parce que M. Banks témoignoit beaucoup d'empressement pour les ravoir. Toubouraï-Tamaïdé fut de suite conduit au fort, pour y être jugé par la voix générale. Après quelques délibérations, nous lui pardonnâmes, sous la condition qu'il rapporteroit les quatre autres clous au fort. Tabouraï-Tamaïdé y consentit; mais je suis fâché de dire qu'il ne remplit pas sa promesse : au lieu d'aller chercher les clous, il se retira avant la nuit, emmenant sa famille et tous ses meubles.

Il reparut cependant le 25, accompagné de sa femme Tomio; il paroissoit honteux de sa faute, mais il ne parut pas jaloux de reconquérir notre amitié, en nous rapportant les clous. La froideur et la réserve dont usèrent, à son égard, M. Banks et les autres, n'étoient guères capables de lui inspirer du calme et de la gaîté ; il ne resta que quelques instans, et partit brusquement. Le lendemain matin, M. Monkhouse alla le trouver, pour opérer la réconciliation, et ravoir les clous ; mais sa démarche fut inutile.

Le 27, nous allâmes voir Tootahah, à qui nous apportâmes en présens, un habit, un jupon d'étoffe jaune, et quelques bagatelles qu'il accepta joyeusement. Il fit sur-le-champ tuer et apprêter un cochon, et nous en promit d'autres pour le lendemain ; mais le but de notre voyage étoit moins d'accepter un régal, que d'obtenir des provisions, dont le fort manquoit. Nous lo priâmes de ne pas faire tuer les cochons, et nous nous contentâmes de quelques fruits. Lorsque la nuit vint, nous cherchâmes des logemens. Obérea offrit une place à M. Banks dans sa pirogue, et elle se chargea de lui garder ses habits, pour empêcher qu'ils ne fussent volés. M. Banks s'endormit avec la plus grande tranquillité; mais lorsqu'il s'éveilla, sur les onze heures, pour satisfaire à quelques besoins, il chercha inutilement ses habits; on lui avoit pris son habit, sa veste, ses pistolets et sa poire à poudre; il ne lui restoit que ses culottes et son fusil. Il réveilla Obéréa, qui sortit pour découvrir le voleur, et qui revint peu de temps après, sans avoir aucune nouvelle information.

Bientôt après, on entendit la musique sur le rivage; c'étoit un concert, qu'ils appellent *Heïva*, nom commun à toutes les fêtes. M. Banks y vint presque nu, dans l'espérance de nous y trouver, et il eut au moins la consolation de voir que nous n'avions pas été mieux traités que lui : on m'avoit pris mes bas sous ma tête, quoique je n'eusse pas dormi, et il manquoit également quelque chose à mes compagnons. Lorsque nous eûmes entendu le concert, composé de quatre tambours, trois flûtes et plusieurs voix, nous fûmes nous coucher, et nous convînmes de différer jusqu'au lendemain la recherche de nos habits.

Le 28, M. Banks vint nous trouver, vêtu moitié à l'angloise, moitié à l'otahitienne, au moyen de quelques habillemens du pays qu'il avoit reçus d'Obéréa. M. Solander nous rejoignit un peu plus tard; il avoit eu le bonheur d'être logé chez des hôtes qui ne l'avoient pas volé. Tootahah et Obéréa refusèrent de chercher nos habits, ce qui nous fit présumer qu'ils étoient complices du vol. Nous désespérâmes alors de les retrouver ; et en effet, nous n'en avons plus entendu parler.

En retournant au bateau, nous fûmes témoins d'un fait fort singulier. La lame brisoit avec tant de force sur le rivage, qu'elle eût englouti le meilleur nageur de l'Europe ; cependant nous vîmes dix à douze Indiens qui s'amusoient à y nager ; ils trouvèrent l'arrière d'une vieille pirogue, sur laquelle ils se mettoient deux ou trois, en tournant le bout carré contre la vague, qui les poussoit quelquefois avec une rapidité prodigieuse jusqu'à la grève ; le plus souvent elle brisoit sur eux avant qu'ils fussent à moitié chemin. Alors ils plongeoient, reparoissoient d'un autre côté, et reprenoient le large pour recommencer la même manœuvre. Ces amusemens nous semblèrent tenir du prodige, et cependant ils ne faisoient rien qui fût au-dessus des forces de l'un de nous. Cela nous fit penser que la nature humaine est douée de plusieurs facultés, qui sont rarement portées au degré de développement dont elles sont susceptibles. Ainsi, la souplesse des danseurs de corde, et la finesse de l'ouïe et du tact des aveugles, ne sont que des facultés communes à tous les hommes en général, et qui ont été développées par la nécessité de s'en servir. D'où l'on peut conclure qu'en faisant tout ce que l'on peut, on peut faire plus qu'on ne croit communément possible.

Je profitai de l'idée qui m'avoit été suggérée par lord Morton, d'envoyer deux détachemens pour observer le passage de Vénus. Le premier juin, je fis partir, dans la grande chaloupe, pour *Eimeo* ou *Imao*, MM. Gore, Monkhouse et Sporing, avec Toubouraï-Tamaïdé,

Tomio, et plusieurs autres naturels du pays. Ils s'établirent sur un rocher, et M. Banks, qui les accompagna, se chargea de leur procurer des vivres à Imao; il reconnut que cette île ressembloit à Otahiti, pour ses habitans et ses productions. Il fit quelques présens à Tarrao, roi de l'île, et à sa sœur Nuna. Le surlendemain, j'envoyai MM. Hicks, Clerk, Petersgill, Saunders, et plusieurs autres personnes, avec des instrumens, pour observer à l'est d'Otahiti, et je restai au fort, où j'observai, avec MM. Green et Solander, le passage de Vénus sur le disque du soleil, le 3 juin 1769, par le plus beau ciel. Une atmosphère nébuleuse qui environnoit la planète, nous fit cependant différer dans le résultat de nos observations. Suivant M. Green, l'immersion commença à 9 heures 25′42″, et fut totale à 9 heures 44′4″, et l'émersion, commencée à 3 heures 14′8″, fut complète à 3 heures 32′10″. Nous trouvâmes que la latitude de notre observatoire étoit de 17 deg. 29′15″, et la longitude de 149 deg. 32′30″ de longitude ouest de Greenwich.

Pendant que tous les officiers étoient occupés à cette opération, quelques-uns de nos gens enfoncèrent un des magasins, et dérobèrent à peu près un cent pesant de clous à fiches. On retrouva sept clous sur un des voleurs ; il reçut vingt-quatre coups de fouet ; mais il refusa de nommer ses complices.

CHAPITRE VIII.

Cérémonies funéraires des Otahitiens. — Musiciens ambulans et improvisateurs. — Chien mangé en régal par les Anglois. — Division d'Otahiti en deux péninsules.

Nous célébrâmes, le 5 juin, l'anniversaire de la naissance du roi. Nous eussions dû le faire la veille, mais nous préférâmes attendre le retour des officiers envoyés en observation. Les chefs Indiens qui assistèrent à cette fête, burent à la santé de sa majesté, qu'ils appellent *Kihiargo*, croyant prononcer Georges. Sur ces entrefaites, une parente de Tomio mourut : cela nous procura l'occasion de voir les cérémonies funèbres de ces peuples. Au lieu d'enterrer leurs morts, ils les exposent sur une espèce de châssis, et ont soin de mettre des alimens auprès d'eux. Toubouraï - Tamaïdé nous dit que ces provisions étoient une offrande à leurs dieux. Vis-à-vis du carré étoit un endroit où les parens du défunt alloient se livrer à leur douleur. A quelques pas plus loin, on avoit bâti deux petites huttes. Plusieurs parens du mort demeurent habituellement dans l'une ; l'autre sert de séjour au principal personnage du deuil. C'est un homme revêtu d'un accoutrement bizarre ; il fait les cérémonies dont nous parlerons plus bas. On enterre ensuite les os des morts

dans

dans un lieu voisin, après que les cadavres sont tombés en pourriture.

Le principal personnage du deuil devoit faire, le 10 juin, la cérémonie funéraire de la vieille femme dont nous venons de parler. M. Banks y sollicita un emploi, parce qu'il ne pouvoit y assister sans cette condition. On le dépouilla en conséquence de ses vêtemens européens; on noua une petite pièce d'étoffe autour de ses reins; on lui barbouilla, avec de l'eau et du charbon, tout le corps, depuis les épaules. La même opération fut faite à plusieurs autres personnages, entr'autres à quelques femmes, qu'on mit dans le même état de nudité.

Toubouraï-Tamaïdé prononçoit auprès du corps quelques paroles que nous pensâmes être une prière. Les Otahitiens ont pour habitude de fuir précipitamment à l'arrivée d'un convoi. Dans tous les lieux où passa celui-ci, on vit les Indiens se cacher dans les bois ; les maisons étoient désertes. On dit au principal personnage du deuil ces mots : *Ima-tata* (il n'y a personne) ; après quoi on renvoya tous les gens du convoi se laver dans l'eau de la rivière, et reprendre leurs habits.

Toubouraï-Tamaïdé vint ce jour-là nous voir, apportant avec lui son arc, en raison d'un défi que M. Gore lui avoit adressé. Le chef croyoit que c'étoit pour essayer lequel décocheroit la flèche le plus loin. M. Gore pensoit qu'il s'agissoit de tirer au blanc. Comme celui-ci ne s'efforçoit pas de pousser très-loin sa flèche, et que celui-là ne cherchoit point à frapper le but, nous ne pûmes comparer leur adresse. Toubouraï-Tamaïdé voulant nous montrer son savoir-faire, banda son arc et lança une flèche à deux cent soixante-quatre pas. Leurs flèches ne sont point garnies de plumes. Pour les tirer, ils se mettent à genoux, et laissent tomber l'arc au moment où la flèche part.

Dans son excursion du matin, M. Banks rencontra plusieurs naturels, qu'il reconnut pour des musiciens ambulans. Nous nous rendîmes tous le soir pour les voir. Ils avoient deux flûtes et trois tambours. Ces derniers accompagnoient le concert de leurs voix, et nous fûmes très-étonnés d'apercevoir que nous étions l'objet de leurs chants. On peut dire que ce sont les bardes et les troubadours de cette île.

Dans la nuit du 14, un insulaire nous déroba un fourgon de fer qui servoit pour le four, pendant que la sentinelle étoit tournée d'un autre côté. Pour réprimer ces sortes de délits, j'imaginai un expédient que voici. Une vingtaine de pirogues s'étant approchées de nous avec du poisson, je les fis saisir et conduire dans la rivière derrière le fort. J'avertis aussitôt les habitans que nous allions y mettre le feu, si on ne nous rendoit non-seulement le fourgon, mais d'autres objets qu'on avoit précédemment volés. Vers midi, ils rendirent le fourgon, et réclamèrent vivement les pirogues; mais je tins ferme. Le lendemain 15, nous ne fûmes pas plus heureux, bien que les insulaires se trouvassent dans le plus grand embarras, parce que leur poisson alloit se gâter. Ne voulant pas punir les innocens pour les coupables, je retins les pirogues, et permis de prendre ce qui étoit dedans. Cette mesure produisit un désordre incroyable. Comme il n'étoit pas possible de distinguer ceux à qui le poisson appartenoit en particulier, ceux qui n'avoient pas de droit profitèrent de la circonstance pour piller les pirogues : alors ils réitérèrent ensuite leurs sollicitations pour obtenir leurs bâtimens : persuadé que les objets volés n'étoient plus dans l'île, ou que ceux qui souffroient du séquestre, n'avoient pas assez de pouvoir sur les voleurs, je me déterminai à les relâcher.

Un autre incident fut sur le point de nous brouiller avec les Indiens. J'avois envoyé une chaloupe à terre, afin d'en rapporter du lest pour le vaisseau. L'officier qui la commandoit, ne voyant pas de pierres qui lui convinssent, en fit abattre quelques-unes d'une muraille servant d'enceinte à un terrain où ils déposoient les os de leurs morts. Les insulaires s'y opposèrent avec force ; mais M. Banks termina le différend à l'amiable, en envoyant l'équipage de la chaloupe vers la rivière où l'on pouvoit rassembler du lest. Il faut observer que ces Indiens paroissoient plus jaloux de ce qu'on faisoit aux morts qu'aux vivans. Ce fut le seul cas où ils osèrent nous opposer de la résistance. Hormis un autre événement de cette nature, ils n'ont jamais fait insulte à qui que ce soit d'entre nous. Un jour, M. Monkhouse ayant cueilli une fleur sur un arbre planté dans un de leurs cimetières, un habitant qui l'aperçut, accourut par-derrière et le frappa. M. Monkhouse voulut se défendre; mais deux autres Otahitiens s'étant approchés, le prirent par les cheveux, délivrèrent leur compatriote, et s'enfuirent, sans exercer d'autre violence.

Le 19, nous n'avions pas encore rendu les pirogues. Nous reçûmes le soir une visite d'Obéréa, et nous fûmes d'autant plus surpris de ce qu'elle ne rapportoit aucun des objets du vol, qu'elle savoit bien que nous la soupçonnions d'en posséder quelques-uns. Elle nous dit, à la vérité, que son favori Obadée, qu'elle avoit battu et renvoyé, les avoit emportés ; mais elle paroissoit sentir qu'elle n'avoit pas le droit d'être crue sur parole : elle manifesta des signes de crainte, mais elle surmonta sa frayeur avec courage, et fit de vives instances pour obtenir la permission de passer, avec sa suite, la nuit dans la tente de M. Banks. Nous le refusâmes. L'anecdote des habits volés étoit trop récente, et d'ailleurs la tente étoit déja remplie de beaucoup de monde. Elle coucha dans sa pirogue, et parut humiliée et mécontente.

Le lendemain, elle revint au fort avec sa pirogue et tout ce qu'elle contenoit, se livrant en notre pouvoir avec une sorte de grandeur d'ame qui nous frappa d'étonnement et d'admiration. Pour opérer plus promptement la réconciliation, elle nous fit présent d'un cochon, d'un chien et de plusieurs autres choses. Nous avions entendu dire que les Indiens préfèrent la chair de ce dernier animal à celle du porc. Nous résolûmes de le vérifier par nous-mêmes. Nous remîmes le chien, qui étoit fort gras, à

Tupia, qui remplit l'office de boucher et de cuisinier. Il l'étouffa en lui serrant fortement, avec les mains, le nez et le museau ; opération qui exigea plus d'un quart-d'heure. Pendant ce temps-là, les Indiens firent en terre un trou d'un pied de profondeur environ, où l'on alluma du feu et où l'on mit des couches successives de pierres plates et de bois, pour le chauffer. Tupia tint le chien sur la flamme pendant quelque temps. Après qu'il l'eut raclé avec une coquille, tout le poil tomba. Le même instrument lui servit pour fendre l'animal. Il tira de son corps les intestins, qui furent envoyés à la mer, où on les lava avec soin, après quoi on les mit dans des noix de cocos, ainsi que le sang qu'on avoit tiré du corps. Lorsque le trou fut assez échauffé, on en ôta le feu, et l'on mit au fond quelques-unes des pierres qui n'étoient pas assez chaudes pour changer la couleur des objets en contact avec elles. On les recouvrit de feuilles vertes, sur lesquelles on étendit le chien avec ses intestins; on mit par-dessus une seconde couche de feuilles vertes et de pierres chaudes : ce trou fut bouché avec de la terre.

Lorsqu'on le r'ouvrit quatre heures après, l'animal étoit fort bien cuit, et nous convînmes tous que c'étoit un manger excellent. Les chiens élevés pour la table ne sont pas nourris de viande, mais de végétaux.

Nous reçûmes, le 21, la visite d'un chef, nommé *Oamo*, que nous n'avions pas vu encore, et à qui les naturels montroient un grand respect. Il avoit avec lui un enfant de sept ans et une femme qui pouvoit en avoir seize. Quoique l'enfant fût en état de marcher, il étoit néanmoins porté sur le dos d'un homme ; ce que nous regardâmes comme une preuve de sa dignité. Dès qu'on les aperçut de loin, Obéréa et d'autres Otahitiens allèrent au-devant d'eux, après s'être découvert la tête et tout le corps, jusqu'à la ceinture. Découvrir son corps, paroît, dans ce pays, une marque de déférence ; et comme ils en montrent en public toutes les parties avec la même indifférence,

nous

nous ne fûmes pas surpris davantage de voir Oorattooa se mettre nue, de la ceinture en bas.

Le chef entra dans la tente, mais nous ne pûmes déterminer la jeune femme à l'y suivre, quoique, suivant toute apparence, elle refusât malgré elle. Les naturels du pays étoient attentifs à l'en empêcher et à retenir l'enfant au dehors. Le docteur Solander le rencontrant à la porte, le prit par la main, et l'introduisit dans la tente, avant que les Otahitiens pussent les apercevoir; mais dès que d'autres insulaires qui s'y trouvoient le virent entrer, ils le firent sortir.

Ces circonstances ayant vivement ému notre curiosité, nous fîmes des questions, et l'on nous répondit qu'Oamo étoit le mari d'Obéréa ; que depuis long-temps ils s'étoient séparés volontairement ; que la jeune femme et le petit garçon étoient leurs enfans. On nous apprit encore que l'enfant se nommoit *Terridiri*, étoit l'héritier présomptif du gouverneur de l'île, et que sa sœur lui étoit destinée pour épouse.

Le souverain actuel de l'île étoit un fils de Whappaï, qu'on appeloit *Outon*, et qui étoit mineur, comme nous l'avons dit plus haut. Whappaï, Oamo et Tootahah, étoient frères. Le premier n'ayant point d'autre enfant qu'Outon, le fils d'Oamo, son premier frère, étoit son héritier. Il paroîtra surprenant qu'un enfant soit souverain du vivant de son père ; mais, d'après la coutume du pays, dès le premier moment de sa naissance, le fils succède au titre et à l'autorité de l'auteur de ses jours. On élit un régent. Le père du nouveau souverain prend ordinairement cette place ; mais, cette fois, on avoit dérogé à l'usage, et la régence étoit tombée sur Tootahah, oncle du jeune roi, parce qu'il s'étoit illustré dans une guerre. Oamo me fit, sur l'Angleterre et ses habitans, plusieurs questions qui déceloient beaucoup d'intelligence et de sagacité.

Le 26, je m'embarquai avec M. Banks, dans la pinasse, pour faire le tour de l'île et en lever la carte. Nous fîmes route à l'est, et nous débarquâmes dans un détroit appelé *Oahounne*. Nous y trouvâmes des Otahitiens de notre connoissance, qui nous conduisirent dans leurs maisons, près desquelles nous retrouvâmes le corps de la vieille femme dont M. Banks avoit suivi le convoi. Cette habitation avoit passé à un nommé *Hoona*, héritier de la défunte ; et comme il étoit nécessaire pour cela que le cadavre y fût placé, on l'y avoit transféré du lieu où il avoit été déposé. Nous allâmes visiter à pied le havre *Ohidea*, où mouilla M. de Bougainville. Les habitans nous montrèrent le lieu où ses tentes avoient été dressées, le ruisseau qui lui servit d'aiguade. Nous n'y reconnûmes d'autres traces de son séjour, que les trous où les piquets des tentes avoient été enfoncés, et un morceau de pot cassé. Nous vîmes Oretté, chef, qui étoit son principal ami, et dont le frère, Outourrou, s'embarqua sur la *Boudeuse*.

Le havre est situé sur la côte occidentale d'une vaste baie, sous l'abri de la petite île Boourou, près de celle de Taawirrii. Nous tâchâmes d'engager 'Tituboalo à venir avec nous à l'autre côté de la baie; mais il s'y refusa, chercha à nous dissuader d'y aller, disant que ce canton étoit habité par un peuple qui n'étoit pas sujet de Tootahah, et qui nous massacreroit infailliblement. On pense bien que cet avertissement ne nous intimida pas.

Nous chargeâmes nos fusils à balle, et Tituboalo, rassuré par cette précaution, consentit à être du voyage. Nous nous acheminâmes donc vers le canton que Tituboalo appeloit l'autre royaume. Il nommoit cette partie de l'île *Tiarrabou*, ou *Otahiti-Eté*. Il appeloit *Waheatua* le chef qui y gouvernoit. Nous apprîmes, à cette occasion, que la péninsule où nous avions dressé nos tentes, se nommoit *Opoureonu*, ou *Otahiti-Nue*.

Nous débarquâmes dans un district appartenant à un chef nommé *Maraitata* (le tombeau des hommes), et dont le père se nommoit *Paahairedo* (le voleur de pirogues). Quoique ces noms parussent confirmer les avis de Tituboalo, nous ne tardâmes pas à reconnoître qu'il s'étoit trompé. Le père et le fils nous reçurent parfaitement bien, nous donnèrent des rafraîchissemens, et nous vendirent un gros porc pour une hache. Parmi les Indiens qui se rassemblèrent autour de nous, il n'y en avoit que deux de notre connoissance. Nous ne remarquâmes, parmi eux, aucunes des quincailleries et autres marchandises de notre vaisseau. Nous marchâmes à pied jusqu'au district qui dépendoit immédiatement de *Waheatua*. Ce district est composé d'une plaine belle et féconde, arrosée par une rivière que nous fûmes obligés de traverser dans une pirogue. Les Indiens qui nous suivoient, préférèrent la passer à la nage. Ils se jetèrent à l'eau comme une meute de chiens. Nous trouvâmes enfin le chef, assis près de quelques pavillons de petites pirogues. C'étoit un vieillard maigre, dont la barbe et les cheveux étoient blanchis par les années. Près de lui étoit une belle femme d'environ vingt-cinq ans, laquelle s'appeloit *Tondidde*. Nous avions souvent entendu parler de cette femme, et nous nous confirmâmes dans l'opinion que c'étoit l'Obéréa de cette péninsule.

Ici, les maisons ne sont ni spacieuses, ni en grand nombre, mais les pirogues amarrées le long de la côte, étoient innombrables : elles étoient plus vastes et mieux faites que toules celles que nous eussions encore vues. La poupe étoit plus élevée, et les pavillons soutenus par des colonnes. Presque toutes les pointes de la côte présentoient un bâtiment sépulcral. Les monumens étoient de la même forme que ceux d'*Opoureonu*, mais plus propres, entretenus avec plus de soin, décorés de plusieurs planches qu'on avoit posées debout, et sur lesquelles diverses figures d'hommes et d'oiseaux étoient sculptées. Sur l'une d'elles, nous vîmes un coq de couleur rouge et jaune, pour imiter le plumage de cet animal. Nous ne trouvâmes pas un seul fruit à pain dans le canton; les arbres y sont absolument stériles; les naturels s'y nourrissent principalement d'espèces de châtaignes, qu'ils nomment *ahée*.

Deux Otahitiens, dont l'un se nommoit *Tearee*, s'embarquèrent avec nous. Nous arrivâmes, vers la nuit, dans la petite île d'*Otooraeite*. On nous indiqua, pour notre logis, une maison déserte, près de laquelle étoit une petite anse où nous pouvions mettre le bateau en sûreté. Comme nous manquions de provisions, M. Banks alla à la découverte, mais ne put rapporter qu'un fruit à pain, la moitié d'un autre, et quelques ahées. Ces mets, joints à une couple de canards et quelques corlieux que nous avions apportés, nous procurèrent un souper assez abondant.

CHAPITRE IX.

Excursion dans la péninsule de Tiarrabou. — Figure singulière. — Moraï d'Oamo et d'Obéréa. — Retour au Port-Royal. — Expédition de M. Banks pour suivre le cours de la rivière. — Départ d'Otahiti.

Le lendemain, 28 juin, après avoir fait une tentative inutile pour nous procurer des provisions, nous doublâmes la pointe sud-est de l'île, où la côte est fermée par la base des collines. Après avoir parcouru à peu près trois milles, nous arrivâmes dans un lieu où nous trouvâmes plusieurs pirogues et un assez grand nombre d'Otahitiens, que nous reconnûmes, avec satisfaction, pour des personnes de connoissance. Nous achetâmes, avec difficulté, quelques noix de cocos, et nous rembarquâmes derechef.

Arrivés en travers de l'extrémité de l'île, nous descendîmes à terre, par le conseil de notre guide, qui nous assura que ce district étoit riche et fertile. Le chef, nommé *Mathiabo*, se rendit près de nous; mais il parut n'avoir aucune idée de la manière dont nous trafiquions. Cependant ses sujets nous apportèrent quantité de noix de cocos et une vingtaine de fruits à pain. Le chef nous donna un cochon pour une bouteille de verre, qu'il préféra à toute autre chose. Il possédoit une oie et un coq-d'Inde, que

le

le *Dauphin* avoit laissés dans l'île. Ces deux animaux étoient extrêmement gras, et tellement apprivoisés, qu'ils suivoient par-tout les Indiens, dont ils étoient passionnément aimés.

Une grande case de ce canton nous offrit un spectacle nouveau pour nous. Il se trouva à l'un des bouts une planche courbée en demi-cercle, où pendoient quinze mâchoires d'hommes, toutes fraîches, et garnies de toutes leurs dents. C'est en vain que nous fîmes beaucoup de questions pour satisfaire à cet égard notre vive curiosité. Les naturels ne pouvoient ou ne vouloient pas nous entendre.

A notre départ, le chef, Mathiabo, desira nous accompagner, et nous le lui accordâmes volontiers. Il passa avec nous le reste de la journée, et nous fut très-utile, en nous pilotant sur les bas fonds. Vers le soir, nous entrâmes dans la baie du côté nord-ouest de l'île, qui répond à celui du sud-est. Après en avoir côtoyé les deux tiers, nous nous décidâmes à aller passer la nuit à terre. A quelque distance de là, nous vîmes une grande maison que Mathiabo nous déclara appartenir à un de ses amis. Bientôt plusieurs pirogues vinrent au-devant de nous. Il s'y trouvoit des femmes très-belles, qui, à en juger par leur maintien, avoient été envoyées exprès pour nous solliciter à descendre. La maison appartenoit au chef du district, nommé *Wiverou*. Il nous reçut fort cordialement, et nous retint à souper, ainsi que Mathiabo. Lorsque le repas, qui fut très-gai, se trouva terminé, on nous indiqua le lieu préparé pour nous coucher. Nous envoyâmes chercher nos manteaux. M. Banks se déshabilla suivant sa coutume; mais se souvenant de l'aventure d'*Atahourou*, il prit la précaution de faire porter ses habits au bateau, et se couvrit avec une pièce d'étoffe du pays. Mathiabo s'apercevant de ce que nous faisions, prétendit avoir aussi besoin d'un manteau. Comme il s'étoit très-bien comporté envers nous, j'en fis apporter un pour lui. Nous nous couchâmes, en remarquant que Mathiabo n'étoit pas avec nous; mais nous crûmes que, suivant l'usage des Indiens, il étoit allé se baigner avant de dormir. Quelque temps après, un Otahitien, qui nous étoit inconnu, vint dire à M. Banks que Mathiabo et le manteau avoient disparu. Ce rapport nous ayant été confirmé, nous reconnûmes qu'il n'y avoit pas de temps à perdre. M. Banks se leva promptement, raconta le délit aux Indiens qui nous entouroient, et leur enjoignit d'aller chercher le manteau; et pour que sa demande fît plus d'impression, il montra un de ses pistolets de poche. La vue de cette arme donna l'alarme à l'assemblée. Tous les Indiens prirent la fuite. Nous en saisîmes pourtant un, qui s'offrit à nous aider dans la recherche du voleur. Dix minutes après, nous rencontrâmes un homme qui rapportoit le manteau. Mathiabo, effrayé, s'en étoit dessaisi. Nous ne crûmes pas devoir le poursuivre plus long-temps. A notre retour, nous trouvâmes entièrement déserte la maison qui étoit remplie auparavant de deux ou trois cents personnes ; mais voyant que nous n'en voulions qu'à Mathiabo, le chef Wiverou, sa femme et plusieurs autres, revinrent coucher dans le même endroit que nous.

Cependant une nouvelle scène de trouble et d'inquiétude nous étoit réservée. A cinq heures du matin, notre sentinelle nous donna l'alarme, et nous dit qu'on avoit pris le bateau. Il dit qu'une demi-heure auparavant, il l'avoit vu amarré à son grappin ; qu'ayant ensuite entendu le bruit des armes, il avoit regardé s'il s'y trouvoit encore, et ne l'avoit plus revu.

Nous courûmes au bord de l'eau, tout effrayés de cette fâcheuse nouvelle. Les étoiles brilloient, la matinée étoit claire, la vue s'étendoit fort loin, mais nous ne vîmes pas de bateau. Il faisoit calme plat ; il étoit impossible de s'imaginer que le bateau se fût détaché de son grappin : tout nous portoit à croire que les Indiens l'avoient attaqué et avoient aisément surpris nos gens dans les bras du sommeil. Nous n'étions que quatre ; nous n'avions qu'un fusil et deux pistolets de poche, chargés, mais sans provision de balles ni de poudre. Nous restâmes long-temps en proie à une anxiété, à une détresse incroyable, nous attendant à tout instant que les Indiens alloient fondre sur nous. Quelle fut notre joie, lorsque nous vîmes revenir le bateau que la marée avoit chassé. Nous fûmes tout honteux de n'avoir pas songé à cette circonstance.

Nous déjeûnâmes et quittâmes promptement ce district, de peur d'un nouvel accident. Nous débarquâmes ensuite dans le dernier district de Tiatiabou, gouverné par Omoé. Ce chef bâtissoit une maison, et avoit la plus grande envie d'une hache qu'il auroit payée tout ce que nous aurions voulu. Malheureusement pour lui et pour nous, il n'y en avoit pas une seule dans le bateau. Il refusa les clous que nous lui offrîmes pour commercer. Nous nous rembarquâmes ; mais Omoé ne renonçant point au projet d'obtenir de nous quelque chose d'utile, nous suivit, avec sa femme, dans une pirogue. Quelque temps après, nous les prîmes dans notre bateau ; et lorsque nous eûmes navigué environ l'espace d'une lieue, ils demandèrent à descendre à terre. Nous les satisfîmes aussitôt ; et nous rencontrâmes quelques-uns de leurs sujets qui apportoient un très-gros cochon. Nous étions, pour le moins, aussi empressés d'acquérir cet animal, qu'Omoé d'avoir une hache. Nous dîmes à l'Indien que s'il vouloit amener son cochon au fort, à *Matavaï* (nom otahitien de la baie de *Port-Royal*), nous lui donnerions une grande hache, et par-dessus le marché, un clou pour sa peine. Après avoir délibéré, avec sa femme, sur cette proposition, il y consentit, et il nous remit un morceau d'étoffe de son pays, pour gage qu'il tiendroit sa parole; ce qu'il ne fit pourtant pas.

Nous remarquâmes dans cet endroit un objet très-curieux : c'étoit un mannequin d'osier, représentant une figure d'homme; il étoit grossièrement façonné, mais le dessin n'en étoit pas mauvais : elle avoit plus de sept pieds de haut, mais étoit trop grosse, d'après cette proportion. La carcasse étoit couverte entièrement de plumes blanches, dans les parties où les Otahitiens laissent à la peau sa couleur naturelle, et noires dans celles où ils se peignent ordinairement. On avoit imité des espèces de cheveux sur la tête : il s'y trouvoit quatre protubérances, trois au front et une par-derrière, que nous aurions prises pour des cornes, mais que les Indiens honoroient du nom de *Tate-Eté* (petits hommes). Ce mannequin s'appeloit *manioe*. On nous dit qu'elle étoit seule de son espèce à Otahiti. Nous apprîmes, dans la suite, que c'étoit une image de *Maume*, un de leurs *Eatuas*, ou dieux de la seconde classe. (*Voyez cette figure dans un coin de la planche* XII *du* Ier *Atlas.*)

Nous arrivâmes enfin dans le district appelé *Paparra*, lequel appartenoit à Oamo et Obéréa, nos bons amis, et nous avions intention d'y coucher. Ils étoient absens, et avoient quitté leur habitation pour aller faire une visite au fort. Nous n'abandonnâmes point pour cela notre dessein, et nous choisîmes pour logis la maison d'Obéréa. Il ne s'y trouvoit pas d'autre personne que son père, qui nous accueillit comme les bien-venus.

Afin de mettre à profit le peu de jour qui restoit, nous allâmes visiter un *moraï* (lieu où l'on dépose les os des morts), que certains arbres appelés *étoa*, nous annonçoient dans le voisinage. Nous fûmes bientôt frappés de la vue d'un immense bâtiment, qu'on nous dit

être le *moraï* d'Oamo et d'Obéréa, et qui étoit le principal monument d'architecture qu'il y eût dans l'île. C'étoit une fabrique de pierre, élevée en pyramide, sur une base quadrangulaire de deux cent soixante-sept pieds de long, sur quatre-vingt-sept de large. Nous comptâmes onze rampes, élevées chacune de quatre pieds; ce qui en donne quarante-quatre pour la hauteur de l'édifice. Chaque marche étoit construite d'un rang de morceaux de corail blanc, polis et taillés avec propreté. Le reste de cette masse (car il n'y avoit point de vide dans l'intérieur) consistoit en cailloux ronds, que la régularité de leur forme indiquoit avoir été travaillés. Nous mesurâmes une de ces pierres
de

de corail, qui avoit trois pieds et demi de long, et deux et demi de large. La base étoit de fragmens de roches, également taillées en carré. L'une de ces pierres avoit environ quatre pieds sept pouces de longueur, et deux pieds quatre pouces de largeur.

Nous ne fûmes pas peu étonnés qu'on eût pu construire une pareille masse, sans outils de fer pour tailler les pierres, et sans mortier pour les unir. La structure en étoit cependant aussi compacte, aussi solide qu'auroient pu la faire des ouvriers européens ; seulement les marches du côté le plus long n'étoient pas également droites : elles formoient un creux au milieu.

Comme nous n'avions pas vu de

carrière dans le voisinage, les Otahitiens avoient dû tirer ces pierres de fort loin; et ils n'ont pour transporter les fardeaux, d'autre secours que celui de leurs bras. Ils avoient sans doute aussi extrait le corail de dessous l'eau. Quoiqu'il y en ait dans ces mers en grande abondance, il y est toujours au moins à la profondeur de trois pieds.

Ils n'avoient pu travailler les quartiers de rochers et le corail, qu'avec des instrumens de même matière ; ce qui suppose des peines et une patience incroyables. Il leur étoit plus aisé de les polir, à l'aide d'un sable de corail dur, très-commun sur la côte.

Au sommet de la masse, il y avoit une figure d'oiseau, sculptée en bois, et près de celle-ci une autre figure mutilée de poisson, sculptée en pierre.

Toute cette pyramide faisoit partie d'une grande place à peu près carrée, dont les grands côtés avoient trois cent soixante pieds de long, et les deux autres trois cent cinquante-quatre. La place étoit ceinte de murailles, et pavée de pierres plates dans toute son étendue. Il y croissoit, entre les pavés, plusieurs *Etoas* et des planes. A cent verges, à l'ouest de ce bâtiment, nous vîmes une espèce de cour pavée, où il y avoit plusieurs petites plate-formes élevées sur des colonnes de bois de sept pieds de hauteur. Les Otahitiens les nomment *Ewattas*. Il nous parut que c'étoient des espèces d'autels. On y déposoit, en offrande aux dieux, toutes sortes de provisions, des cochons tout entiers, des crânes de ces animaux, ainsi que de chiens.

En allant de la maison d'Obéréa au moraï, le long de la côte, nous aperçûmes par-tout, sous nos pieds, quantité d'ossemens humains, surtout des côtes et des vertèbres. Nous apprîmes que dans le dernier mois de *Owarahew* (lequel correspond au mois de décembre 1768), le peuple de *Tiarrabou*, péninsule sud-est d'Otahiti, avoit fait une descente en cet endroit, et tué un grand nombre d'habitans dont nous voyions les ossemens épars; qu'Obéréa et Oamo, qui administroit alors, pour son fils, le gouvernement de l'île, s'étoient enfuis dans les montagnes ; que les vainqueurs avoient brûlé toutes les maisons qui étoient fort grandes, emmené les cochons et les autres animaux qu'ils avoient pu trouver. Nous apprîmes en même temps que le dindon et l'oie que nous avions vus chez Mathiabo, étoient du nombre des dépouilles. Cela nous expliqua pourquoi nous les avions vus chez un peuple avec qui le *Dauphin* n'avoit pas eu de communication. On nous instruisit, de même, que les mâchoires d'hommes qui avoient excité notre curiosité, avoient été emportées par les conquérans, comme des trophées de leur victoire.

Le premier juillet, nous retournâmes au fort, à *Matavaï*, après avoir achevé le tour de l'île, que nous trouvâmes être d'environ trente lieues, en y comprenant les deux péninsules. Ce fut à cette époque que je relâchai les pirogues que nous avions détenues. Je ne puis m'empêcher de faire observer, à ce sujet, que ces insulaires usent, les uns envers les autres, de fraude et d'une mauvaise foi réfléchie, qui me donnèrent une beaucoup plus mauvaise opinion de leur caractère, que les vols qu'ils commettoient envers nous.

Parmi ceux qui vinrent me solliciter de restituer leur pirogue, se trouvoit un certain *Poltatow*, homme de quelque importance, que nous connoissions tous. J'y consentis, persuadé qu'une d'elles lui appartenoit. Il alla en conséquence sur le rivage, s'emparer d'une des pirogues qu'il avoit commencé à emmener, à l'aide de ses gens.

Cependant les vrais propriétaires vinrent promptement s'y opposer, et soutenus par les autres Indiens, ils lui reprochèrent, à grands cris, de voler leur bien, et se mirent en devoir de reprendre par force la pirogue. Pottatow leur dit, pour sa justification, qu'à la vérité la pirogue avoit appartenu à ceux qui la redemandoient, mais que l'ayant confisquée, je la lui avois vendue pour un cochon. Cette déclaration appaisa toutes les clameurs : les propriétaires sachant bien qu'ils ne pouvoient pas appeler de mon autorité, cédèrent au voleur; et il auroit profité de sa spoliation, si je n'eusse pas été averti de ce qui se passoit, par quelques-uns de nos gens. J'ordonnai sur-le champ qu'on désabusât les Indiens. Les propriétaires légitimes recouvrèrent leur pirogue, et Poltatów sentit si bien son délit, que ni lui ni sa femme, complice de sa fourberie, n'osèrent de long-temps soutenir nos regards.

Le 3 juillet, dès le point du jour, M. Banks ayant pris quelques Otahitiens pour guides, partit dans le dessein de suivre la rivière, en remontant la vallée, et de voir jusqu'où ses bords étoient habités. Dans les six premiers milles, ils trouvèrent des maisons peu dis-

tantes les unes des autres : ensuite
où leur montra une habitation qu'on
leur dit être la dernière qu'ils ver-
roient.

Ils parcoururent six autres milles, et passèrent souvent sous des
éminences de rochers, où on leur
dit que les Indiens avoient l'habitude de coucher lorsqu'ils étoient
surpris par la nuit. Bientôt après ils
virent la rivière bordée de roches
escarpées. Il en sortoit une cascade
qui formoit un lac dont le courant
avoit tant de rapidité, que les naturels soutinrent qu'il étoit impossible de le traverser. Ils ne paroissoient pas connoître la vallée au-
delà de celle-ci.

La route qui conduisoit des bords
de la rivière sur ces rochers, étoit

effrayante; les côtés s'élevant presque verticalement, avoient quelquefois cent pieds de hauteur; les ruisseaux qui jaillissoient par-tout de leurs fissures, les rendoient extrêmement glissans.

Cependant on avoit pratiqué un sentier entre ces précipices, au moyen de longues pièces d'écorces d'*hibiscus tiliaceus*, dont on avoit fait des espèces de cordes pour aider à grimper. En s'y tenant fortement, on s'élevoit de saillie en saillie, sur des points où un Indien, ou bien une chèvre, pouvoient seuls poser le pied. L'une de ces cordes avoit à peu près trente pieds de long. Les guides de M. Banks offrirent de l'aider s'il vouloit gravir, et ils ajoutèrent qu'à peu de distance de là, il trouveroit un chemin moins difficile et moins dangereux. M. Banks examina cet endroit de la montagne, que les naturels appeloient un meilleur chemin ; mais il le trouva si mauvais, qu'il ne crut pas devoir s'y risquer.

Pendant cette course, il chercha s'il y avoit des mines dans les rochers qui étoient presque par-tout à nu ; il n'en découvrit pas la moindre trace. Tous ces rochers, et la plupart des pierres que nous avons recueillies à Otahiti, portent des marques incontestables des feux souterrains.

M. Banks planta lui-même, le 4, beaucoup de pepins de melon d'eau, d'oranges, de limons et de graines d'autres plantes et arbres qu'il s'étoit procurés à *Rio-Janeiro*. Il choisit pour cela le sol le plus convenable.

Nous commençâmes dès-lors à faire nos préparatifs de départ. Sur ces entrefaites, nous reçûmes une visite d'Oamo et d'Obéréa, accompagnés de leurs enfans. La jeune fille sembloit avoir grande envie de voir le fort, mais son père ne voulut pas lui en accorder la permission. Tearee, fils de Waheatua, roi de *Tiarrabou*, étoit aussi avec nous lors de notre visite.

Nous continuâmes, le 8 et le 9, à démanteler notre fort. Clément Webb et Samuel Gibson, deux jeunes soldats de marine, en désertèrent pendant la nuit. Comme j'avois j'avois fait publier que chacun devoit se rendre à bord le lendemain, et que le vaisseau appareilloit ce jour-là ou le jour suivant, je commençai à craindre que ces jeunes gens n'eussent dessein de rester dans l'île. On en demanda des nouvelles aux Otahitiens, qui nous déclarèrent franchement que nos compatriotes avoient dessein de ne pas retourner à bord, et qu'ils s'étoient allés cacher dans les montagnes. Nous les invitâmes à nous aider dans leur recherche ; deux d'entr'eux s'offrirent à servir de guides à ceux de nos gens que je voudrois envoyer. Je chargeai de cette commission un bas-officier et le caporal des soldats de marine. Je notifiai à plusieurs chefs qui étoient au fort avec leurs femmes, entre autres à Toubouraï-Tamaïdé, Tomio et Obéréa, que nous ne les laisserions pas partir, tant que les déserteurs ne seroient pas rendus. J'envoyai M. Hicks dans la pinasse, pour conduire Tootahah à bord du vaisseau. Tout cela fut exécuté sans que les chefs ni les sujets en fussent alarmés.

A l'approche de la nuit, je fus très-inquiet de ne pas voir revenir les déserteurs; et ne jugeant pas sûr de laisser au fort les Otahitiens que j'avois retenus pour otages, je fis conduire au vaisseau Toubouraï-Tamaïdé, Obéréa et quelques autres chefs. Lorsqu'on embarqua les Indiens dans le bateau, plusieurs d'entr'eux, et particulièrement les femmes, parurent fort émues, et témoignèrent leurs craintes par des larmes.

Quelques Indiens ramenèrent Webb sur les neuf heures, et dirent qu'ils retiendroient Gibson, le bas-officier et le caporal, jusqu'à ce que l'on eût remis Tootahah en liberté. Ils tournoient contre moi l'expédient que j'avois employé contr'eux ; mais j'étois trop avancé pour reculer. J'expédiai aussitôt M. Hicks dans la chaloupe, avec un détachement armé, pour enlever les prisonniers, et je pressai fortement Tootahah d'envoyer avec eux quelques-uns de ses sujets, pour ordonner en son nom le relâchement des gens de mon équipage. Il y consentit. M. Hicks reprit mes hommes sans résistance, et les ramena au vaisseau le 11, sur les sept heures du matin. Il ne put cependant pas recouvrer les armes qu'on avoit prises aux deux sous-officiers, mais une demi-heure après, on les rapporta au vaisseau, et je mis les chefs en liberté.

Le bas-officier que j'interrogeai sur ce qui s'étoit passé à terre, me répondit que les Indiens n'avoient rien voulu lui apprendre sur la retraite des transfuges ; qu'au contraire, ils l'avoient troublé dans ses recherches, et que, retournant au vaisseau pour y prendre des ordres ultérieurs, ils avoient été tout-à-coup saisis par des hommes armés ; que les Otahitiens leur avoient arraché leurs armes des mains, en déclarant qu'ils seroient retenus prisonniers jusqu'à ce que leur chef fût libre : il ajouta néanmoins que les Indiens n'avoient pas été d'un accord unanime sur cette violence ; que les uns vouloient qu'on les relâchât, les autres qu'on les retînt ; que la dispute s'étant échauffée, on en étoit venu des paroles aux coups, et que le parti qui vouloit la détention, l'avoit emporté. Il me dit encore que Webb et Gibson furent bientôt ramenés par un détachement d'insulaires, et qu'on les retint aussi pour otages ; qu'après quelques altercations, ils se déterminèrent à renvoyer Webb, pour m'informer de leur résolution, m'assurer que ses compagnons étoient sains et saufs, et désigner un endroit où je ferois parvenir ma réponse. Cela prouve que, toute fâcheuse qu'étoit pour nous la détention des chefs, je n'aurois jamais recouvré les fuyards sans cette précaution. Ceux-ci nous déclarèrent qu'étant devenus fort amoureux de deux filles du pays, ils avoient formé le dessein de se cacher jusqu'à ce que le vaisseau eût mis à la voile, et de fixer leur séjour à Otahiti.

Tupia étoit au nombre des Indiens qui vivoient continuellement avec nous; il avoit été premier ministre d'Obéréa, lorsqu'elle jouissoit de l'autorité souveraine; il étoit le principal *tahowa*, ou prêtre de l'île. Il avoit d'ailleurs beaucoup de connoissances sur la navigation, et connoissoit parfaitement le nombre et la situation des îles voisines. Tupia nous avoit plusieurs fois témoigné le desir de partir avec nous ; il nous avoit quittés le 11, avec ses autres compatriotes ; mais il revint le lendemain à bord, accompagné d'un jeune homme de treize ans, qui lui servoit de domestique, et il nous conjura de l'embarquer. Nous avions plusieurs raisons pour souscrire à sa prière. En apprenant son langage, et en lui apprenant le nôtre, nous pouvions obtenir beaucoup plus de notions sur les coutumes, le gouvernement et la religion de ces peuples. Je l'admis donc volontiers.

Divers incidens nous ayant empêchés de mettre à la voile le 12,

Tupia demanda à aller encore une fois à terre, le soir, dans un bateau; il y alla effectivement, et emporta un portrait, en miniature, de M. Banks, qu'il vouloit montrer à ses amis, et plusieurs bagatelles pour les leur donner, en faisant ses adieux. Après dîner, M. Banks desirant se procurer un dessin du moraï appartenant à Tootahah, je l'accompagnai dans la pinasse, ainsi que le docteur Solander. Nous eûmes bientôt fait une entière réconciliation avec les Otahitiens, un peu piqués des événemens de la veille; et lorsque nous leur dîmes que nous partirions dans l'après-midi du jour suivant, ils nous promirent qu'ils viendroient, dès le matin, nous faire leur dernière visite. Nous rencontrâmes aussi Tupia à *Eparre*; nous le ramenâmes avec nous, et, pour la première fois, il passa la nuit à bord.

Le lendemain 13, le bâtiment fut rempli de nos amis les Otahitiens, et environné d'un grand nombre de pirogues, montées par les Indiens d'une classe inférieure. Nous levâmes l'ancre entre onze heures et midi, et dès que le vaisseau fut à la voile, les insulaires prirent congé de nous, et versèrent des pleurs, pénétrés d'une tristesse muette et profonde, qui avoit quelque chose de tendre et de très-intéressant. Les Indiens qui étoient dans les pirogues paroissoient, au contraire, se disputer à qui pousseroit les plus grands cris, mais il y entroit plus d'affectation que de douleur véritable. Tupia soutint cette scène avec une fermeté et un calme dignes d'admiration : il est vrai qu'il pleura ; mais ses efforts pour cacher ses larmes, faisoient encore plus d'honneur à son caractère. Il envoya, par *Othéothéa*, une chemise, pour dernier présent, à *Potomaï*, maîtresse favorite de *Tootahah*; ensuite il monta sur la grande hune avec M. Banks, et il fit des signes, tant qu'il continua à les voir.

C'est ainsi que nous quittâmes l'île d'Otahiti et ses habitans, après un séjour de trois mois. Pendant la plus grande partie de ce temps, nous vécûmes dans l'amitié la plus cordiale, et nous nous rendîmes mutuellement toutes sortes de bons offices. Les petites querelles qui survinrent, ne causèrent pas plus de rancune aux Indiens qu'à nous-mêmes ; elles étoient toujours une suite des circonstances, des foiblesses de la nature humaine, de l'impossibilité de nous entendre, et enfin du penchant des Otahitiens au vol ; inclination que nous ne pouvions ni tolérer, ni prévenir.

Notre commerce se fit avec autant d'ordre que dans les marchés les mieux réglés de l'Europe ; mais sur la fin de notre séjour, les denrées devinrent rares, par la trop grande consommation que nous en faisions au fort et au vaisseau, et par l'approche de la saison où la disette des noix de cocos et des fruits à pain commence à se faire sentir. Nous achetions tous ces fruits pour des quincailleries et des clous. Nous ne donnions pas de clous, qu'on ne nous remît, en échange, quelque chose qui valût quarante *pences* (1); mais dans peu, nous ne pûmes pas acheter un petit cochon de dix ou douze livres pesant, pour moins d'une hache.

(1) Quatre francs environ de notre monnoie.

CHAPITRE X.

CHAPITRE X.

Description particulière de l'île d'Otahiti et de ses habitans.—Habillemens et mœurs.—Manufactures.—Navigation.—Connoissances astronomiques des Otahitiens.

Le capitaine Wallis a déterminé la longitude de la baie de Port-Royal : nous avons reconnu qu'il ne s'étoit trompé que d'un demi-degré. La pointe de *Vénus*, extrémité la plus septentrionale de l'île, est au 149 deg. 30' de longitude. L'île est environnée par un rescif de roche de corail qui forme plusieurs baies et ports excellens ; le mouillage est assez vaste, et l'eau assez profonde pour contenir un grand nombre des plus gros vaisseaux. (*Voy*. la Planche VII du I Atlas.)

Cette île produit des fruits à pain, des noix de cocos, des bananes de treize sortes, des planes, un fruit assez semblable à la pomme, des patates douces, des ignames, du cacao, une espèce d'*arum*, et d'autres végétaux qui lui sont particuculiers; mais elle n'a aucune espèce de fruits, plantes potagères, légumes ou graines d'Europe. Les cochons, les chiens et la volaille sont les seuls animaux apprivoisés de l'île. Les canards, les pigeons, les perroquets, un petit nombre d'autres oiseaux et les rats, sont les seuls animaux sauvages : on n'y voit aucun serpent. La mer fournit à ces insulaires du poisson en abondance; c'est de tous les alimens celui qu'ils aiment le mieux.

Les Otahitiens sont d'une taille supérieure à celle des Européens : l'homme le plus grand que nous y ayons vu, avoit six pieds trois pouces et demi; il étoit habitant d'une île voisine, appelée *Huaheine*. Les femmes d'un rang distingué sont généralement au-dessus de notre taille moyenne; mais celles d'une classe inférieure sont au-dessous. Cette différence vient probablement de leur commerce trop prématuré avec les hommes.

Leur teint naturel est couleur d'olive. Leur peau délicate est douce et polie; ils n'ont point sur les joues ces nuances fortes que nous appelons des *couleurs.* La forme de leur visage est agréable ; les os des joues ne sont pas élevés ; ils n'ont pas les yeux creux, ni le front proéminent, mais leur nez est un peu trop applati. Leurs yeux, et sur-tout ceux des femmes, sont expressifs ; leurs dents sont aussi, presque sans aucune exception, très-égales et très-blanches ; leur haleine est très-pure.

Leurs cheveux sont ordinairement noirs et un peu rudes. Les hommes arrangent leur barbe de différentes façons ; cependant ils en arrachent toujours la plus grande partie, et entretiennent le reste très-propre. Les deux sexes ont aussi la coutume de s'épiler sous les aisselles ; ils nous accusoient de mal-propreté, pour n'en pas faire autant.

Pendant notre séjour à Otahiti, nous vîmes cinq ou six personnes semblables à celles que rencontrèrent MM. Solander et Banks le 24 avril, dans leur promenade à l'est. Leur peau étoit d'un blanc mat; leurs yeux, rouges et foibles. Nous vérifiâmes qu'il n'y avoit pas deux de ces hommes qui appartinssent à la même famille : nous en conclûmes qu'ils ne formoient pas une race. Les femmes portent les cheveux courts, et les hommes, si l'on en excepte les pêcheurs qui sont presque toujours dans l'eau, les laissent flotter en larges boucles sur leurs épaules, ou les relèvent en touffes sur le sommet de la tête.

Ils ont l'habitude de s'oindre la tête avec du *monoe* : c'est une huile extraite du coco, dans laquelle ils laissent infuser des herbes et des aromates. Comme l'huile est ordinairement rance, l'odeur en est d'abord fort incommode pour un Européen. Vivant dans un pays chaud, ignorant l'usage des peignes, ils ne peuvent préserver leurs têtes de vermine, que les enfans et le bas peuple mangent quelquefois. Cette coutume dégoûtante fait un contraste frappant avec le reste de leurs mœurs.

Ils sont dans l'usage de se *tatouer*. Ils piquent la peau le plus profondément qu'ils le peuvent, sans en tirer du sang, avec un instrument qui a la forme d'une houe : la partie qui répond à la lame, est formée d'un os ou d'une coquille amincie;

le tranchant est dentelé en pointes aiguës, qui sont depuis trois jusqu'à vingt, suivant la grandeur de l'instrument. Pour s'en servir, ils trempent les dents dans une espèce de poudre délayée dans de l'eau, et faite avec le noir de fumée provenant de l'huile de cocos qu'ils brûlent pour s'éclairer.

On place sur la peau l'outil ainsi préparé, et, en frappant de légers coups avec un bâton sur le manche qui porte la lame, ils pénètrent la peau, et impriment dans le trou une tache noire qui est ineffaçable.

Cette opération douloureuse se fait sur les jeunes gens des deux sexes, lorsqu'ils sont dans l'âge de douze à quatorze ans. On fait ainsi toutes sortes de figures sur les diverses parties du corps. On nous a dit que quelques-unes de ces marques avoient une signification ; mais nous n'avons jamais pu en apprendre le sens.

Il est étrange que cette nation soit si jalouse de porter des marques qui ne sont pas des signes de distinction. Je n'ai vu aucun Otahitien d'un âge mûr, qui n'eût le corps ainsi *tatoué*. Peut-être cette méthode a-t-elle son origine dans la superstition. Nous n'avons jamais pu nous procurer, sur cet objet, des éclaircissemens satisfaisans.

Leur habillement est composé d'étoffes et de nattes de leur façon ; il n'a point de forme régulière. Les femmes de la première classe s'enveloppent les reins avec trois ou quatre pièces d'étoffe; la première retombe, en forme de jupon, jusqu'au milieu de la jambe; cela s'appelle un *parou* : les autres pièces se nomment *tebuta*. L'habillement des hommes ne diffère de celui des femmes, qu'en ce que le parou, au lieu de former un jupon, leur entoure les cuisses en forme de culotte; il porte alors le nom de *maro*. La quantité de ces pièces que portent les personnes d'un rang supérieur, est la seule marque qui les distingue de leurs inférieurs. Le soir, toutes les femmes des nobles se dépouilloient jusqu'à la ceinture, avec aussi peu de scrupule qu'une femme qui ôte son double fichu. Les chefs eux-mêmes, lorsqu'ils nous rendoient visite, avoient autour de leurs reins plus d'étoffe qu'il n'en falloit pour habiller douze hommes, et le reste du corps tout nu. Le *tomou* est une coiffure de femme, composée de cheveux tressés en fils à peu près de la grosseur de la soie à coudre. M. Banks en a des pelotons qui ont plus d'un mille de long, sans un seul nœud. Elles portent aussi des fleurs et de petits bonnets de nattes ou de noix de cocos, qu'elles font en un instant. Les hommes, qui relèvent leurs cheveux sur le sommet de la tête, y placent la plume d'un oiseau, ou se couvrent la tête d'une guirlande. Les garçons sont nus jusqu'à six ou sept ans, et les filles jusqu'à trois ou quatre.

Ils bâtissent leurs maisons au milieu des bois, entre la mer et les montagnes, et ne coupent d'arbres que dans l'espace absolument nécessaire pour que la hutte ne se trouve pas exposée à recevoir l'eau qui coule des branches dans les temps de pluie. Rien n'est plus délicieux dans ce climat chaud, que l'ombrage que ces arbres procurent. Une habitation un peu vaste a ordinairement vingt-quatre pieds de longueur sur onze de large et neuf de hauteur. Le toit, couvert de feuilles de palmier, est soutenu sur trois rangs de poteaux ou colonnes, et du foin répandu par terre, à trois ou quatre pouces de profondeur, forme le plancher. Des billots leur servent d'oreillers, et il n'y a pas d'autres meubles, à l'exception quelquefois d'un siége pour le maître de la famille. Ils ne s'y tiennent guère que la nuit : alors le plancher sert de lit pour tout le ménage : le maître de la maison et sa femme se mettent au milieu; à leurs côtés sont les gens de la famille mariés; plus loin, les filles qui ne le sont pas, et à peu de distance les garçons. Quant aux serviteurs, appelés *toutous*, ils se mettent sous les bords du toit lorsqu'il pleut; mais lorsqu'il fait beau, ils couchent au bel air. Il y a d'autres huttes moins ouvertes et plus petites, qui appartiennent aux chefs: elles sont construites de manière qu'on peut les transporter sur les pirogues, comme des tentes. Le chef et sa femme y couchent seuls.

Les

Les végétaux forment la plus grande partie de la nourriture des Otahitiens. Les cochons, les chiens et la volaille sont les seuls animaux apprivoisés qu'ils aient. Ils se nourrissent aussi de *blubbers* et d'autres coquillages et poissons. Le fruit à pain, indépendamment de son usage ordinaire, leur sert à faire une pâte fermentée, qu'ils appellent *mahie*. L'eau salée est la sauce de tous leurs mets : ils en font pourtant aussi une autre avec l'amande de la noix de cocos. Les gens d'un certain rang s'enivrent quelquefois avec un jus exprimé des feuilles d'une plante qu'ils appellent *ava, ava*; et comme, à leurs yeux, l'ivrognerie est un vice honteux, ils ne laissent point boire de ce jus aux femmes.

Les Otahitiens mangent beaucoup dans un seul repas. J'en ai vu un manger deux ou trois poissons aussi grands qu'une perche, trois fruits à pain, dont chacun étoit plus gros que les deux poings; quatorze ou quinze fruits de planes ou de bananiers, de six ou sept pouces de long, sur quatre ou cinq de circonférence, et près d'une quarte de fruit à pain pilé, qui est aussi substantiel que le flan le plus épais. Les hommes ne mangent pas avec les femmes, et même ils dînent toujours seuls, chacun ayant son panier qui contient son dîner; ils disent que cela est plus convenable. Cependant lorsqu'ils nous invitoient à dîner, il arrivoit souvent que nous mangions au même panier, et buvions au même vase. Si l'un de nous se trouvoit seul avec une femme, elle mangeoit bien quelquefois avec lui, mais toujours après lui avoir fait jurer de n'en pas parler.

Les Otahitiens d'un moyen âge et d'un rang distingué, sont fort indolens ; ils ne s'occupent qu'à dormir et manger. Les vieillards et les jeunes gens sont plus actifs ; ils s'exercent à tirer des flèches en cherchant à aller à la plus grande distance, et à lancer des javelines en visant à un but. Il ont des flûtes et des tambours. Les premières sont faites avec des bambous d'un pied de long et creux ; elles n'ont que deux trous. Le tambour est un tronc de bois creusé, solide par un bout, et ayant à l'autre une peau de goulu de mer bien tendue.

Il est probable que chez aucun peuple on n'a porté aussi loin la licence et la lubricité. Ici, les filles qui ne sont point mariées, au lieu d'être élevées dans des sentimens de pudeur, s'exercent, dans une danse appelée *timorodée*, à exécuter les gestes et les postures les plus lascifs, qui sont encore surpassés par l'obscénité des paroles qu'elles récitent. On y a même fondé des sociétés appelées *arreoy*, dont les membres sont fort en honneur, et où toutes les femmes sont en commun, et peuvent danser le *timorodée*. Lorsque cette danse excite leurs desirs, ils les satisfont sur-le-champ. Si une femme devient enceinte, ce qui est plus rare que lorsqu'une femme habite avec un seul homme, on étouffe l'enfant lorsqu'il vient au monde, à moins qu'un homme ne veuille l'adopter comme étant de lui. Alors les deux amans sont chassés de la communauté, perdent leur droit aux priviléges et aux plaisirs de l'*arreoy*, et la femme est désignée sous le nom de *whannownow* (*qui a fait des enfans*), comme si c'étoit un opprobre.

La nature a été si prodigue envers ces peuples, que l'on ne doit point s'étonner du peu de progrès de leurs arts. Rien ne justifie mieux que leur état cette maxime, que *la nécessité est mère de l'industrie.*

Il faut cependant convenir des efforts qu'ils ont faits pour se procurer tous les agrémens de la vie.

L'écorce du mûrier qu'ils appellent *aouta*; celle de l'*oo roo*, ou fruit à pain, et celle du figuier, leur fournissent trois sortes d'étoffe; la première est la plus blanche, et la dernière qui a le moins d'apparence, est cependant la plus utile, en ce qu'elle est imperméable à l'eau, et en même temps la plus rare; aussi ne s'en servent-ils que pour les habits de deuil. Pour la fabriquer ils divisent l'écorce d'un mûrier, par exemple, en filamens qu'ils laissent rouir pendant quelque temps; des servantes séparent ensuite les belles fibres d'avec l'écorce extérieure; on dispose plusieurs couches de ces fibres sur des feuilles de plane le soir, et le lendemain, toutes les couches adhèrent tellement qu'elles se lèvent toutes ensemble en une seule pièce. On la bat alors pour l'étendre et la rendre moëlleuse. Ils teignent ces étoffes en rouge avec le fruit du figuier qu'ils appellent *matte*, et les feuilles du *cordia sebestina* dont ils tirent un suc. Ce rouge est plus beau que celui d'Europe. Le peintre de M. Banks étoit obligé de mettre ensemble du vermillon et du carmin pour l'imiter. Ils teignent aussi en jaune avec le fruit du *tamanu* et avec la racine du *morinda citrifolia*, appelé *nono*, qu'ils font infuser dans l'eau. Le défaut principal de leurs étoffes est d'être spongieuses et de se déchirer comme du papier. Leurs nattes sont d'une meilleure qualité que celles de l'Europe ; ils les font avec l'écorce du *poerou*, l'*hibiscus - tilliaceus* de Linnée ; elles leur servent de siéges et de lits. Ils font des paniers et autres ouvrages d'osier avec beaucoup d'adresse ; et avec le même *poerou* dont nous venons de parler, des ficelles pour leurs lignes. Les hameçons sont de nacre de perles, et ils prennent des poissons, soit avec ces hameçons, soit avec des harpons de bois de bambou très-dur. J'ai déja parlé de leurs pirogues ; je me contenterai de dire qu'ils n'ont pour les fabriquer qu'une hache de pierre et un ciseau d'os humain, qui est ordinairement celui de l'avant-bras ; une rape de corail et la peau d'une espèce de raie, qui leur sert de lime. Ils se dirigent en mer, pendant le jour, sur le soleil ; et pendant la nuit, sur les étoiles qu'ils ont nommées et dont ils connoissent bien le cours.

CHAPITRE XI.

Maladies. — Funérailles. — Mariages et divorces. — Vue de diverses îles. — Arrivée à Huaheine et Ulietea.

Nous n'avons pu savoir comment les Otahitiens mesurent le temps. Ils distinguent les saisons par les fruits. Leur langue est douce, harmonieuse, et abonde en voyelles. Nous apprîmes facilement

à la prononcer, tandis qu'ils ne pu‑
rent parvenir à prononcer un seul
mot de la nôtre, sans doute parce
qu'elle est pleine de consonnes. Ils
ont peu de maladies, et point de
médecins ; mais leur habileté en
chirurgie est telle, que nos chi‑
rurgiens d'Europe auroient à peine
l'avantage sur eux. Nous avons vu,
sur plusieurs insulaires, des cica‑
trices qui annonçoient la guérison
de blessures considérables. Il faut
cependant observer que la nature
opère souvent mieux que l'art pour
la guérison des plaies, et qu'il suffit
de la propreté et de la tempérance.

Les naturels de ce pays auront à
reprocher aux Européens de les
avoir infectés de la maladie véné‑
rienne ; et il est probable, d'après

la justification du capitaine Wallis (*voyez* le Voyage de ce capitaine), que M. de Bougainville est celui qui l'y a introduite, en laissant débarquer ceux de son équipage qui en étoient attaqués. Nous l'y trouvâmes lorsque nous fûmes arrivés : elle avoit fait des ravages effrayans. Un de nos gens l'y contracta cinq jours après notre mouillage, et lorsque nous partîmes, plus de la moitié de nos gens en étoient atteints. Les insulaires donnent à cette maladie un nom qui est synonyme du mot *pourriture* : ils nous dirent que c'étoit le vaisseau qui avoit mouillé sur le côté oriental de l'île, quinze mois avant notre arrivée, qui la leur avoit apportée ; ils nous dépeignirent les souffrances des premiers infortunés qui en furent victimes : elle faisoit tomber les poils et les ongles, et pourrissoit la chair jusqu'aux os. Leurs compatriotes craignant que ce ne fût une maladie contagieuse, les laissoient périr, faute de secours, dans des tourmens affreux. Il paroît qu'à notre arrivée ils avoient trouvé quelque spécifique contre ce mal; mais nous n'avons pu parfaitement nous en convaincre.

Lorsqu'un Otahitien meurt, ses parens se rassemblent dans sa maison, et déplorent sa perte par des lamentations. On porte ensuite son corps au bord de la mer, et après plusieurs aspersions, on place le cercueil sur des poteaux élevés sous un hangar, où le cadavre pourrit
jusqu'à

jusqu'à ce qu'il ne reste plus que les os. (*Voyez* la planche XII du Ier Atlas.) Les femmes, pour faire preuve de leur zèle, se font des blessures avec la dent d'un goulu de mer, qu'elles s'enfoncent dans la tête, et étanchent le sang avec des morceaux de toile qu'elles déposent sur la bière : cela dure pendant deux ou trois jours. On reçoit aussi des larmes sur des pièces d'étoffes qu'on offre au défunt. Cet usage vient de ce que les Otahitiens croient que l'ame sortie du corps, erre autour de son tombeau, et voit les actions des vivans. Les hommes ne commencent à s'affliger que quelques jours plus tard. Pendant le convoi, le principal personnage poursuit, dans un transport que sa douleur est censée lui inspirer, et avec un bâton armé d'une dent de goulu, tous les Indiens qu'il rencontre, et cherche à les frapper. On recommence plusieurs fois la procession pendant cinq lunes, et au bout de ce temps on retire les os de la bière, pour les ratisser et les laver, et on les enterre ensuite au dedans ou au dehors d'un moraï, suivant la qualité du défunt. S'il étoit *earee*, ou chef, son crâne est conservé dans une boîte, et enveloppé dans une belle étoffe.

Ils se servent, pour expliquer les mystères de leur religion, d'un langage différent du langage ordinaire ; en sorte que nous avons acquis peu de connoissances sur ce point : nous avons su seulement qu'ils croient que *Taroataihetoomoo* et *Tepapa* avoient engendré l'année, et que celle-ci, avec son père, avoit donné naissance aux mois, les mois aux jours, etc. Les deux premiers êtres donnèrent, en outre, naissance à d'autres dieux appelés *Eatuas*, d'où descendit le premier homme qui étoit rond comme une boule. Sa mère lui ayant donné la forme que nous avons à présent, l'appela *Eothe*, c'est-à-dire *fini*. Cet homme, à défaut de femelle, s'unit avec sa mère, et peupla le monde. Les Otahitiens adorent plus particulièrement *Tane*, autre fils de *Taroataihetoomoo*, à qui ils supposent plus d'influence sur les affaires des hommes. Ils croient à l'immortalité de l'ame, sans penser que les actions d'ici-bas puissent être récompensées ou punies dans l'autre monde. Leurs prêtres s'appellent *tahova*, homme éclairé.

Le mariage et le divorce se font sans beaucoup d'appareil chez les Otahitiens, et sans le concours des prêtres : ceux-ci retirent seulement un bénéfice du *tattow* (usage de se piquer la peau) et d'une circoncision imparfaite, que les habitans ont adoptée pour la propreté seulement.

L'île d'Otahiti est divisée en deux péninsules, gouvernées chacune par un *earee rahie*, ou roi. Le gouvernement est féodal. Au-dessous du roi, sont les *earees*, ou barons; ensuite les *manahounis*, ou vassaux; et enfin la dernière classe, qu'on appelle *toutous*, ou paysans, et qui est esclave. L'enfant du baron et celui du souverain, succède, dès le moment de sa naissance, au titre et aux honneurs qui appartenoient à son père avant sa naissance, à moins que celui-ci ne le massacre. C'est peut-être ce qui a contribué à former ces sociétés de l'*arreoy*, dont nous avons parlé.

Cette île ne produit rien qui puisse devenir un objet de commerce; elle ne peut être utile aux Européens que par les ports de relâche qu'elle leur offre.

Après notre départ d'Otahiti, nous aperçûmes l'île *Theturoa*: elle est située à huit milles de l'extrémité septentrionale de la première île que nous nommâmes *Pointe de Vénus*, parce que nous y avions observé le passage de cette planète. Tupia nous apprit que cette île basse n'avoit point d'habitans fixes.

Le 14, nous découvrîmes l'île *Eimao*, ou *Yorck*, et l'île *Tapoamanao*, que nous jugeâmes être la même que l'île *Saunders*. Nous vîmes, le même jour, l'île *Huaheine*. Le lendemain, nous fûmes témoins des prières que Tupia adressoit à son dieu *Tane*, pour avoir du vent; il avoit soin de ne commencer ses invocations que lorsqu'une brise étoit si près du vaisseau, qu'elle devoit nécessairement l'atteindre avant qu'il eût fini.

Nous fûmes visités, le 16, par le roi *Oree* et sa femme. Il me proposa, comme témoignage d'amitié, de porter mon nom, qu'il prononçoit *Cookee*, et de prendre le sien. Je consentis volontiers à cet échange. Les insulaires de Huaheine ressemblent en tout à ceux d'Otahiti. Tupia nous dit seulement qu'ils n'étoient pas voleurs. Nous débarquâmes dans un excellent port appelé *Owharre*, ou *Owallo*, et Tupia nous servit d'interprète pour les échanges que nous fîmes avec les habitans. M. Banks trouva, dans une des cabanes, une espèce de coffre vide en forme d'arche, assez ressemblant à l'arche d'alliance des Juifs. Ce qu'il y a de singulier, c'est que *Taveto*, le valet de Tupia, en ayant demandé le nom, on lui dit qu'il s'appeloit *Ewhareeno-Eatua*

(maison de Dieu) ; mais on ne put lui en expliquer l'usage.

L'île *Huaheine* est située au 16 deg. 43′ de latitude sud, et au 150 deg. 52′ de longitude ouest de Greenwich.(*Voyez* la planche XIII du Ier Atlas.) Elle est à trente-une lieues d'Otahiti, et peut en avoir sept de circonférence. Il nous a paru que les productions mûrissent un mois plutôt dans cette île qu'à Otahiti, et que les insulaires y sont en général plus vigoureux et d'une stature plus grande. M. Banks en mesura un qui avoit six pieds trois pouces et demi anglois de hauteur. Ils sont cependant si nonchalans, qu'ils refusèrent de monter avec lui sur une petite colline, disant que cette course les tueroit. Nous trouvâmes les femmes plus belles qu'à Otahiti, quoiqu'aucune en particulier n'égalât la beauté de quelqu'Otahitienne. Malgré ce que nous avoit dit Tupia, on surprit un insulaire qui voloit quelque chose; mais je dois ajouter, pour l'honneur de ses compatriotes, que ceux-ci l'en punirent par la bastonnade. Avant mon départ, j'ai laissé au roi *Oree* des jetons frappés en 1761, et ressemblans à la monnoie d'Angleterre, et une planche d'étain portant cette inscription : « *Endea-* « *vour, vaisseau de sa majesté* « *britannique, lieutenant Cook,* « *16 juillet 1769.* »

Nous allâmes ensuite mouiller dans un havre de l'île *Ulietea*, située à huit lieues de *Huaheine*. Tupia témoignoit beaucoup de craintes des habitans de *Bolabola;* il nous dit qu'ils avoient conquis cette île, et il nous conseilla de partir, si nous ne voulions pas être attaqués. En conséquence, nous résolûmes de débarquer sur-le-champ, et nous fûmes, en peu d'instans, environnés de naturels. (*Voyez* la Planche XIV du I*er* Atlas.) J'arborai pavillon anglois, et pris possession, au nom de sa majesté britannique, de cette île et des trois voisines que nous apercevions, *Huaheine*, *Otaha* et *Bolabola*. Nous rencontrâmes, auprès du grand moraï, appelé *tapodeboatea*, un *ewhatta*, ou autel, et quatre ou cinq *ewhar-reeno-eatua*, ou *maisons de Dieu.* M. Banks ayant mis la main dans un de ces coffres, sentit quelque chose de cinq pieds de long et d'un pied d'épaisseur, enveloppé dans des nattes ; il arracha plusieurs des nattes ; mais il en rencontra une de fibres de cocotiers si bien tressée, qu'il ne put la déchirer : il étoit temps qu'il renonçât à son entreprise ; les insulaires parurent fort offensés de ce qu'il avoit fait. Nous visitâmes une autre grande maison (*Voyez* la Planche XV du Ier Atlas.) où, parmi plusieurs rouleaux d'étoffes, nous vîmes un modèle de pirogue d'environ trois pieds de long, auquel huit mâchoires d'hommes étoient attachées. Tupia nous assura que ces trophées de guerre étoient des mâchoires des habitans d'*Ulietea*. Si cela est vrai, peut-être les avoient-ils suspendues avec le modèle d'une pirogue, comme un symbole de leur invasion et de leur conquête.

Le 21, nous examinâmes les côtes de l'île d'*Ulietea* (*Voyez* Planche XIV), et le 24, nous mouillâmes dans la baie *Oopoa*: prise dans toute son étendue, elle est capable de contenir la plus grande flotte; elle est remarquable par les petites îles *Oatora*, *Opururu* et *Tamon*, que l'on trouve à son entrée. Cette partie de l'île n'est point aussi riche qu'*Otahiti* et *Huaheine*.

Le 26 juillet, nous découvrîmes la petite île Tupaï; Tupia nous apprit que trois familles seulement l'habitent. Le 28, nous examinâmes le havre situé sur la côte orientale d'Otaha. MM. Banks et Solander nous apportèrent des provisions, et sur-tout des fruits de plane, qu'on fit bouillir, et qui servirent de pain à l'équipage : cela fut d'autant plus agréable à nos gens, que notre biscuit étoit rempli de vers, et qu'à chaque bouchée ils avaloient plus de vingt de ces animaux, qui avoient le goût de la moutarde. Les insulaires ressemblent à ceux d'*Ulietea*. Ils nous rendirent les mêmes honneurs qu'à leurs rois ; ils se découvroient les épaules, et enveloppoient leurs vêtemens autour de leur poitrine chaque fois qu'ils nous rencontroient.

Deux jours après, nous découvrîmes une petite île environnée d'un rescif, que Tupia nous dit s'appeler *Maurua*; elle a une montagne haute et ronde, qui se voit de dix lieues. La nécessité de réparer une voie d'eau dans notre sainte-barbe, me força de relâcher, le premier avril, dans un havre sur la côte méridionale de l'île *Ulietea*. MM. Banks et Solander débarquèrent, et furent reçus avec des marques de respect et de crainte par les habitans. Ils visitèrent plusieurs cabanes, et une entr'autres où se trouvoient plusieurs petits enfans élégamment vêtus. L'un de ces enfans étoit une petite fille, assise au bout d'une natte de trente pieds de long, sur laquelle personne n'osoit avancer, malgré la foule; elle avoit une espèce de robe rouge, et autour de sa tête, beaucoup de cheveux tressés ; cet ornement, appelé *tamou*, est ce qu'ils estiment le plus. Cette petite fille reçut les présens qu'on lui offrit, avec autant de grâce et d'aisance que l'Européenne la mieux élevée. Les insulaires parurent charmés des présens qu'on avoit faits à ces petits enfans, et ils en témoignèrent leur plaisir par toutes sortes de services qu'ils rendirent à MM. Banks et Solander.

Lorsque nos messieurs s'en retournèrent, le propriétaire d'une cabane leur donna le divertissement d'une danse d'un nouveau genre. Un homme mit sur sa tête un panier d'osier de forme cylindrique, long de quatre pieds, de huit pouces de diamètre, garni de plumes placées perpendiculairement, dont les sommets étoient inclinés en avant, et environné de dents de goulus et de queues d'oiseaux : cet instrument s'appelle *whow*. Il dansa d'abord lentement, et en tournant la tête de manière à faire décrire un cercle à son panier ; puis il se mit à pirouetter, en s'approchant brusquement du visage des spectateurs pour les effrayer. Les insulaires s'amusèrent beaucoup de ce spectacle ; ils rioient sur-tout aux éclats, lorsque le danseur feignoit de vouloir donner un coup de panier à un des étrangers. Deux jours après, nous rencontrâmes, en nous promenant, une troupe de six danseurs, deux danseuses et trois tambours. Tupia nous dit qu'il y avoit parmi eux quelques-uns des principaux personnages de l'île. Les femmes avoient un *tamou* sur leur tête, et elles avoient le cou, les épaules et les bras nus. Leur gorge étoit aussi découverte jusqu'à la hauteur des aisselles, et serrée au-dessous par une étoffe noire qui enveloppoit la taille. La lubricité de leurs gestes passe tout ce qu'on peut s'imaginer.

Le 5, je reçus d'*Opooni*, le formidable *eareerahie* de *Bolabola*, des volailles et des piéces d'étoffes de cinquante verges de long, et infiniment plus longues que toutes celles que j'avois vues. Il me fit prévenir qu'il desiroit me voir le lendemain; mais au lieu de venir, il nous envoya trois jolies filles, à qui nous fîmes des présens. Nous fûmes obligés de lui rendre visite les premiers : c'est un vieillard décrépit, imbécille et presqu'aveugle.

CHAPITRE XII.

Description de plusieurs baies de la Nouvelle-Zélande. — Séjour dans le canal de la reine Charlotte, et retour au cap Turnagain.

Le 9 août, nous quittâmes le havre. Tupia me pria, avec instances, après notre départ, de tirer un coup de canon vers Bolabola, sans doute pour intimider ses ennemis; je ne voulus point le refuser, quoique nous fussions à sept lieues de distance de l'île.

J'ai donné le nom de *Society-*

Islands (*îles de la Société*), aux îles appelées *Ulietea, Otoha, Bolabola, Huaheine, Tubaï* et *Maurua,* en langue du pays.

Le 13, nous découvrîmes l'île *Oteroah;* nous fîmes quelques échanges avec les habitans, qui sont bien faits, et plus bruns que ceux que nous venions de quitter. Le 25, nous célébrâmes l'anniversaire de notre départ d'Angleterre ; nous mîmes en perce un tonneau de bière forte, et nous mangeâmes un fromage de Chester. Deux jours après, un des matelots s'enivra à tel point qu'il mourut dans les vingt-quatre heures. Le 30, nous observâmes la comète.

Le 7 octobre, nous vîmes une terre, que beaucoup d'entre nous crurent être celle qu'on a appelée *Terra australis incognita*. Nous débarquâmes dans une baie, et nous aperçûmes des naturels du pays qui se sauvèrent. Ils tentèrent, pendant notre excursion à terre, d'enlever l'esquif que nous avions laissé près du rivage; mais ceux de nos gens qui y étoient les mirent en fuite, en tirant des coups de fusil, et tuèrent même un des Indiens : cet homme étoit d'une taille moyenne, et d'une couleur brune sans être trop foncée. Le 9, Tupia parvint à se faire entendre des habitans que nous rejoignîmes; il nous prévint qu'ils n'étoient pas nos amis; et en effet, ils cherchèrent à nous dérober nos fusils : l'un d'eux arracha même le coutelas de M. Green, pendant que celui-ci étoit retourné. Nous fûmes obligés de faire feu ; le voleur fut tué, et plusieurs autres furent blessés. Nous rencontrâmes une petite pirogue dont nous voulûmes nous emparer ; elle étoit montée par sept Indiens, qui firent résistance ; quatre furent tués, et les trois plus jeunes, après s'être jetés à la mer, se laissèrent prendre. En considérant de sang-froid une telle violence, je me blâmerois d'avoir fait tirer sur ces enfans ; mais la nature de ma commission me prescrivant de prendre connoissance du pays, je ne pouvois le faire qu'à force ouverte.

Les trois jeunes Indiens que nous prîmes s'appeloient *Eaahourange*, *Koikerange* et *Maragovete*. Nos bons procédés à leur égard nous attirèrent leur amitié ; nous les envoyâmes à terre couvrir de quelques vêtemens que nous leur donnâmes, le corps de l'homme qui avoit été tué la veille, et ils nous amenèrent l'oncle de *Maragovete*, qui remit à Tupia une branche verte, et refusa de venir à bord. Les jeunes Indiens restèrent avec nous jusqu'à l'après-dînée, que nous les descendîmes à terre.

Le 11, nous levâmes l'ancre, et quittâmes ce pays misérable, que les naturels appellent *Taoneora* (grand sable), et que je nommai *baie de Pauvreté*. J'appelai la pointe sud-ouest de cette baie, *cap du jeune Nick*, du nom de *Nicolas Gouny*, mousse, qui la découvrit le premier. Le soir, nous eûmes un calme, et nous reçûmes la visite de plusieurs pirogues de la *baie de Pauvreté*; mais une brise qui s'éleva tout-à-coup, nous éloigna en peu d'instans de quelques lieues de l'endroit où nous avions pris trois Indiens qui étoient encore à bord; ils se désolèrent, et versèrent beaucoup de larmes. Ce ne fut que le lendemain qu'ils profitèrent de deux pirogues que nous rencontrâmes, pour s'embarquer. Tupia, qui les entendoit, nous assura que pour engager les Indiens des pirogues à approcher de notre vaisseau, ils leur crioient que nous ne mangions point d'hommes; ce qui prouveroit qu'ils ont cette horrible coutume.

Je donnai le nom d'*île Portland*

à une petite île que les habitans appellent *Teahowrai*, et qui ressemble à l'île Portland du canal de la Manche; elle est à un mille de la côte de la *Nouvelle-Zélande*. Le 13, il s'établit une espèce de commerce entre nous et les Indiens : pendant qu'il se faisoit paisiblement, un des habitans saisit le petit *Tayeto*, valet de Tupia, qui étoit sur les bords du vaisseau, et l'entraîna dans une pirogue qui s'éloigna aussitôt. Je fis tirer avec précaution sur cette pirogue; un des Indiens tomba, les autres abandonnèrent *Tayeto*, qui se jeta à la nage, et revint sain et sauf à notre bord, mais si effrayé, qu'il fut pendant quelques instans comme privé de l'usage de ses sens. Je donnai au cap vis-à-vis duquel cet

cet événement nous arriva, le nom de *cap Kidnappers*. (cap des voleurs d'enfant.) Il forme la pointe méridionale de la baie que j'ai appelée *baie de Hawke*, en l'honneur de *sir Edward Hawke*, alors premier lord de l'amirauté. Le 17 octobre, nous découvrîmes un cap, que j'appelai *Turnagain* (du retour), parce que nous retournâmes en arrière lorsque nous y fûmes arrivés.

Nous découvrîmes un cap, que je nommai *gableend Foreland* (promontoire du bord du toit), à cause de sa ressemblance avec le bord d'un toit. Nous débarquâmes une seconde fois dans la baie Pauvreté: cette fois, les habitans nous reçurent avec des marques de déférence, ayant soin de ne pas se réunir en grand nombre. MM. Banks et Solander firent, sans prendre beaucoup de précautions, des excursions dans la campagne, et visitèrent les habitations et les cultures des naturels. Il y avoit au moins cent cinquante à deux cents acres plantés en *eddas*, en patates douces et en citrouilles. Les femmes sont très-coquettes ; elles se peignent le visage. Chaque petit village a des lieux privés.

Ils sont, sur cet article de police, plus avancés que les habitans de Madrid, qui n'en avoient pas en 1760, ainsi que me l'a assuré un témoin digne de foi.

Les naturels, qui appellent cette baie *Tegadoo*, m'en indiquèrent une autre un peu au sud, où je pourrois faire de l'eau douce. J'y débarquai le 28 octobre, et fis prendre de l'eau et du bois par un détachement. MM. Banks et Solander rencontrèrent, dans leur promenade, une curiosité naturelle, bien remarquable. C'étoit un rocher troué dans toute sa profondeur (*Voy*. planche XVI du Ier Atlas.), et qui formoit une immense arcade d'où l'on découvroit la mer; elle avoit soixante-quinze pieds de long, vingt-sept de large et quarante-cinq de haut. Ils furent témoins, en revenant à bord, de l'exercice des Indiens à manier le *patou-patou* ou lance. Le lendemain, Tupia eut une conversation avec un prêtre du pays; il se trouva d'accord avec lui sur les principaux points de leur religion : le dernier convint que ses compatriotes mangeoient leurs ennemis. Cette baie est appelée *Telaga* par les naturels : nous y fîmes peu d'échanges.

Après avoir quitté cette baie, nous découvrîmes successivement le cap *Ess*, et l'île du même nom, la baie *Hicks*, une île que nous appelâmes *White Island* (île blanche), et un cap que je nommai *cap Runaway* (cap de la Fuite), parce que j'y mis en fuite, d'un seul coup de canon, des Indiens qui vouloient nous attaquer. Je fus obligé de répéter cette démonstration à l'égard d'autres Indiens que nous rencontrâmes près de l'île *Mowtohora*. Près de là est le mont *Edge cumb*, sur la côte de la grande terre, et un peu plus au nord de l'île, que j'ai appelée *the mayor* (le maire), et un groupe de plus petites, que j'ai nommé *cour des Aldermans*.

Le 2 novembre, nous fûmes encore attaqués par les naturels du pays, qui nous menacèrent de revenir le lendemain en plus grande force, pour nous tuer tous, et qui revinrent en effet, mais sans pouvoir y réussir. Tupia leur fit entendre raison pendant qu'ils s'approchoient du vaisseau, et nous finîmes par commercer paisiblement. Nous visitâmes, après être débarqués, un village fortifié et environné de palissades. (*Voyez* la planche XVII du Ier Atlas.) La palissade avoit un fossé parallèle. Nous n'avons pu savoir pour quel usage étoit construite cette fortification. Elle est située sur un rocher troué, et dans la situation la plus pittoresque. Quelques-uns de nos gens virent deux Indiens se battre. Ils se servirent d'abord de lances, et ensuite ils continuèrent leur combat à coups de poings; mais nos gens ne purent en savoir l'issue, parce qu'ils se retirèrent, en se battant, derrière une colline.

Le 10 novembre, MM. Banks, Solander, Green et moi, observâmes le passage de Mercure sur le disque du soleil : c'est pour cette raison que nous avons appelé *Baie Mercure*, le lieu de notre mouillage.

M. Gore me rendit compte d'une attaque qui avoit été tentée contre sa chaloupe par deux grosses pirogues d'Indiens étrangers à ceux avec qui nous commercions. Ils commencèrent par entonner leur chanson de guerre, pour s'animer : ensuite l'un d'eux ayant volé une pièce d'étoffe qu'il feignoit de vouloir acheter, M. Gore l'étendit roide mort d'un coup de fusil, et mit en fuite les autres Indiens, en tirant un coup de canon par-dessus leur tête. Nous avons remonté une très-belle rivière, que j'ai appelée *rivière des Huîtres* : elle a son embouchure dans la baie. Nous avons aussi visité des hespahs, ou villages fortifiés, et plusieurs plantations. L'Indien *Toiava*, qui étoit devenu notre ami, nous dit qu'aussitôt après notre départ il se réfugieroit dans son hespah, ou fort, parce qu'il étoit menacé par les amis de l'homme qui avoit été tué par M. Gore. Il paroît qu'un certain *Teratio* est roi de ce canton ; mais les Indiens le respectent si peu, qu'ils disoient que s'il venoit parmi eux, ils le tueroient. Cela nous fit conjecturer que ces Indiens étoient des rebelles errans.

Avant de quitter cette baie, j'arborai pavillon anglois, et pris formellement possession du territoire, au nom de sa majesté Georges III.

Le 18, nous rencontrâmes des Indiens dans des pirogues, qui nous menacèrent et entonnèrent leur chanson de guerre. Ils s'écrioient dans leur langue : « Venez à terre, « et nous vous tuerons tous. » Tu-

pia leur répondit : « Nous n'avons
« pas envie de combattre, et nous
« n'irons pas à terre; votre que-
« relle est injuste, car la mer ne
« vous appartient pas plus qu'à
« nous. » Cette éloquence, tout
admirable qu'elle fût à nos yeux
dans un sauvage, ne fit d'impression que sur nous; nous fûmes obligés d'avoir recours à un mouvement oratoire d'une autre espèce;
ce fut de tirer sur une pirogue un
coup de fusil qui les fit toutes fuir
à l'instant.

Nous débarquâmes sur une plage,
où nous fûmes bien accueillis par
des Indiens à qui le bon vieillard
Toiava avoit parlé de nous. Nous
remontâmes une rivière très-large,
qui ressemble à la Tamise, et nous

lui donnâmes le même nom, pour cette raison. J'ai appelé l'extrémité nord-ouest, *Pointe Rodney*, et l'extrémité nord-est, le *Cap Colville*. Les habitans de cette partie de la côte sont bien faits et peu nombreux ; leurs pirogues sont grandes et bien construites. Le soir, nous reconnûmes la *baie de Brêmes*; vis-à-vis sont plusieurs petites îles que j'ai nommées *Henand Chickens* (la poule et les poussins). Plus loin, sont les *poor Knights* (pauvres chevaliers) que nous vîmes quelques jours après. Tout ce pays est bas, mais bien boisé. Ce fut en vain que nous voulûmes faire quelque commerce avec les naturels. L'un d'eux, qui paroissoit vouloir vendre sa hache de talc pour une pièce d'étoffe, emporta la pièce sans nous remettre la hache. Nous fûmes obligés de recourir à notre expédient ordinaire, de tirer un coup de fusil à balle par-dessus la pirogue : aussitôt il revint et rendit la pièce, mais toutes les pirogues retournèrent à terre.

Le lendemain, nous dépassâmes le *cap Bret* et la *pointe Pococke*. Nous vîmes beaucoup d'îles habitées par des Indiens, qui nous vendirent des poissons que nous nommons *cavalles*, et je donnai le même nom aux îles. Nous débarquâmes sur une île située à environ trois quarts de mille du vaisseau; les Indiens y débarquèrent aussitôt; ils débutèrent par essayer d'enlever nos bateaux, après avoir chanté leur chanson de guerre. La résistance devenant nécessaire, je fis tirer sur les Indiens. M. Banks fut assez heureux pour blesser, d'un coup de fusil, un des chefs qui agitoit son *patou-patou* pour rallier ses compatriotes, et quelques coups de canon tirés du vaisseau par-dessus leur tête, achevèrent de décider leur retraite. Il n'y eut dans cette escarmouche que deux Indiens blessés avec du petit plomb, et pas un seul de tué, par le soin que j'eus de contenir mes gens qui, soit par crainte, soit pour le seul plaisir d'exercer leurs forces, paroissoient avoir autant de plaisir à tuer ces insulaires, qu'un chasseur à détruire du gibier. Nous demeurâmes, par cette victoire, maîtres de

notre

notre anse, où nous cueillîmes du céleri.

En entrant dans la caverne que formait un rocher, nous y trouvâmes un vieillard, sa femme et son frère, qui nous témoignèrent leur soumission. Le vieillard nous demanda si un de ses parens qui venoit d'être blessé dans le combat, mourroit; je lui montrai des balles de plomb et du petit plomb, en lui faisant comprendre que son frère ayant été blessé avec du petit plomb, en guériroit : j'ajoutai que si on nous attaquoit, nous tirerions à balles. Les autres Indiens que nous rencontrâmes après cette entrevue, nous parurent être dans des dispositions amicales.

Plusieurs de nos gens furent convaincus d'avoir arraché les palissades d'une plantation indienne; je fis donner à chacun d'eux douze coups de fouet. Un d'entr'eux fut assez impudent pour prétendre qu'un Anglois pouvoit voler impunement un Indien, tandis que ce dernier ne pouvoit prendre un clou à un Anglois; je le fis mettre en prison, et il y reçut douze autres coups de fouet.

Les Indiens continuèrent à nous accueillir avec beaucoup d'égards. Dans une des visites que nous leur fîmes, nous découvrîmes un fort situé près de la mer, et où l'on ne pouvoit monter que par une échelle. Le vieillard qui nous accompagnoit, nous dit que sa femme y étoit : il parut inquiet, lorsqu'il nous vit persister dans l'intention d'y entrer ; cependant il y consentit, après nous avoir fait promettre de ne commettre aucune indécence, et il monta le premier. Les trois femmes que nous y trouvâmes, fondirent d'abord en larmes, mais elles s'appaisèrent bientôt par les présens que nous leur fîmes. Nous nous séparâmes très-bons amis.

Le 5 décembre, je mis à la voile, et quatre jours après, nous reconnûmes une baie profonde dont nous pûmes à peine distinguer le fond ; je l'appelai *baie Doubtless*. Nous rencontrâmes des Indiens, qui nous apprirent qu'en naviguant trois jours sur leurs pirogues, on trouvoit une terre appelée *Moore-Whennua* (probablement la terre nommée par le capitaine Tasman, *Cap Maria-van-Diemen*), et au nord-nord-ouest, une contrée fort étendue, appelée *Ulimaroa*, où les habitans se nourrissoient de cochons. Tupia leur demanda si ceux de leurs compatriotes qui avoient abordé à cette terre en avoient rapporté des cochons; ils répondirent que non ; alors Tupia leur fit cette objection pleine de sens : Votre histoire est fausse, car il n'est pas possible que ceux qui ont visité un pays où se trouvent des cochons, en soient revenus sans s'en être procurés. Nous devons cependant remarquer que ce qui milite en faveur de la véracité des Indiens, c'est qu'ils ne décrivoient point ces animaux, et qu'ils les désignoient seulement par le mot *tavah*, nom qu'on leur donne dans toutes les îles de la mer du sud.

Nous reconnûmes successivement les lieux que j'ai nommés *Knuckle point* (Pointe de la jointure), *Sandy-bay* (Baie de sable), *The mount-Carmel* (le mont du chameau), et le *cap Nord*, situé à l'extrémité septentrionale de la Nouvelle-Zélande. Nous découvrîmes, le 23 décembre, les petites îles appelées, par Tasman, *les trois Rois*, et le 30, nous dépassâmes le *cap Diemen*. Je continuai à longer la côte, et je nommai *Pointe Woody* (boisée), *Gannet island* (île des mouettes), *Pointe albatross mont*, et *cap Egmont*, plusieurs terres que nous rencontrâmes.

Nous entrions dans le *canal de la reine Charlotte*. Je fis touer le vaisseau dans une baie pour l'y caréner. Vis-à-vis étoit une île sur la pointe de laquelle étoit bâti un village. Nous eûmes quelques relations avec les habitans, qui nous expliquèrent froidement qu'ils étoient dans l'horrible usage de manger leurs ennemis ; ils nous vendirent même des os humains, que plusieurs d'entre nous s'empressèrent d'acheter comme un monument de cette barbare coutume. Un vieillard nous montra quatre têtes d'hommes avec la chair et les cheveux qui y tenoient encore, et qu'ils avoient préparées de manière qu'elles n'avoient point d'odeur désagréable. Ce fut avec peine qu'il

vendit une de ces têtes à M. Banks ;
il lui répugnoit sans doute de se
dessaisir d'un si beau trophée. Nous
visitâmes un *hippah*, ou village de
ces sauvages, et nous trouvâmes
sur une colline un tas de pierres
dont nous construisîmes une pyramide où nous laissâmes quelques
balles de fusil, du petit plomb, des
verroteries, et plusieurs autres
choses qui attesteront notre passage en ces lieux. Les Indiens nous
firent par-tout un très-bon accueil ;
ils nous promirent de ne point détruire notre monument, ni les deux
poteaux que je fis placer, l'un au
lieu de notre aiguade, et l'autre
dans l'île la plus voisine, appelée
Motuara par les naturels. Je leur
laissai des présens, et je donnai au

vieillard une pièce d'argent de trois *pences*, frappée en 1736. Nous prîmes ainsi possession du pays, au nom de sa majesté Georges III, et nous bûmes une bouteille de vin en réjouissance de cet événement. Le vieillard fut enchanté du don que nous lui fîmes de la bouteille vide.

Topaa étoit le nom de notre ami le vieil Indien : il nous donna quelques renseignemens sur la Nouvelle-Zélande, qu'il divisoit en *whennuas*, ou îles. L'une porte le nom de *Tovy-Peonammoo*, expression qui signifie *eau de talc vert*, et l'autre s'appelle *Eaheinomauwo*. Il nous dit qu'on n'en pouvoit faire le tour qu'en plusieurs lunes. Il appeloit *Tierawite* les côtes du détroit. Topaa nous apprit, en outre, que ses ancêtres lui avoient dit qu'autrefois quatre hommes étoient venus dans leur pays d'une terre qu'ils appellent *Ulimaraa*, et qu'ils avoient tous été massacrés. Lorsque nous lui demandâmes où étoit cette terre, il nous indiqua le nord. Il paroît que tous les Indiens de cette côte ont une notion confuse de ce pays-là.

Le 6 février, nous quittâmes le lieu de notre mouillage, que j'appelai *ship cove* (anse du vaisseau). Nous reconnûmes le cap *Koamaroo*, le cap *Tierawitte*, *Enty-island*, ou l'*île de l'Entrée*, le cap *Palliser* et le cap *Campbell*. La terre couroit nord-est vers le cap *Turnagain*, et nous suivîmes cette direction.

Le 8, nous rencontrâmes des pirogues montées par des Indiens d'une meilleure apparence que tous ceux que nous avions vus depuis notre sortie de la baie des îles; ils nous demandèrent des *whow*, ou clous, et cependant, lorsque nous leur en montrâmes, ils nous demandèrent ce que c'étoit; cela nous fit présumer qu'ils n'avoient jamais vu de ces *whows* qu'ils nous demandoient, et qu'ils n'en connoissoient l'usage que parce que les Indiens du cap *Kidnappers*, situé quarante-cinq lieues plus loin, avoient pu leur en dire; car c'étoit le canton le plus méridional de cette partie de la côte où nous eussions fait quelques échanges avec les naturels. Ces Indiens nous dirent que *Terata* n'étoit pas leur roi, comme nous l'avions d'abord imaginé. Ils nous quittèrent tout joyeux des présens que nous leur avions faits.

Le 9 février, le temps s'éclaircit, et nous découvrîmes le cap Turn-again. J'appelai les officiers sur le pont, et leur demandai s'il leur étoit maintenant démontré qu'*Ea-heinomauwe* fût une île. La chose étoit trop évidente popr qu'aucun d'eux ne fût pas convaincu.

CHAPITRE XIII.

Navigation complète autour de la Nouvelle-Zélande. — Côte et baie de l'Amirauté. — Départ de la Nouvelle-Zélande.

L<small>E</small> 9 février 1770, nous portâmes au sud-ouest. Nous aperçûmes distinctement, le 11, le cap *Palliser*. Le 14, nous fûmes en travers de la montagne de neige. A midi du même jour, nous étions au 42 deg. 34′ de latitude méridionale.

Vers l'après-midi, M. Banks étant descendu dans le bateau pour chasser les oiseaux de marine, nous découvrîmes, à l'aide de nos lunettes,

nettes, quatre doubles pirogues, montées de cinquante-sept hommes, qui partoient du rivage pour l'aller joindre. M. Banks étoit trop loin, pour reconnoître nos signaux d'alarme. Nous craignîmes, pendant quelque temps, qu'il ne fût surpris par les Indiens; mais il retourna sain et sauf. Les Indiens étoient trop occupés, sans doute, à examiner le navire, pour prendre garde au bateau. Ils s'approchèrent de nous, à une portée de pierres, et nous considérèrent avec étonnement. En vain Tupia employa-t-il toute son éloquence pour les inviter à s'avancer de plus près. Ils nous quittèrent à la nuit tombante. Je donnai le nom de *lookers-on* (spectateurs), à la terre d'où ils étoient partis, et qui avoit l'apparence d'une île.

Le 17, au lever du soleil, nous reconnûmes, à n'en plus douter, que c'étoit en effet une île, et je lui donnai le nom de M. Banks. Elle est de forme circulaire, et a environ vingt-quatre lieues de tour; elle est assez haute pour qu'on puisse l'apercevoir à la distance de douze ou quinze lieues. Elle paroît plutôt stérile que féconde; cependant de la fumée que nous aperçûmes, et quelques hommes épars çà et là, nous firent juger qu'elle étoit habitée.

Comme nous ne découvrions encore aucun indice de terre vers le sud, et que, sur la foi des Indiens qui habitent le canal de la *reine*

Charlotte, je pensai que nous avions porté assez loin, dans cette direction, pour doubler toutes les terres de l'hémisphère austral, je gouvernai à l'ouest. Nous continuâmes ainsi notre circonnavigation, et nous découvrîmes, au 46 deg. 91' de latitude sud, et au 191 deg. 49' de longitude ouest, un rocher stérile, qui a un mille environ de circuit, et d'une élévation remarquable. Je l'appelai *île Solander*, du nom de notre savant naturaliste. La côte de la grande terre forme une vaste baie. La surface du pays est coupée par de hautes montagnes perpendiculaires, au sommet desquelles on aperçoit, en plusieurs endroits, des monceaux de neige. La contrée n'est pas néanmoins frappée d'une stérilité absolue, car nous vîmes du bois en plusieurs endroits; mais il n'y avoit aucune trace d'habitans.

Le 13, je fis mettre le cap vers une autre baie, où j'espérois trouver un bon mouillage ; mais comme il n'étoit pas sûr de former cette entreprise pendant la nuit, je rangeai la côte.

Cette baie, que je nommai *Dusky-bay* (baie sombre), est au 45 deg. 47′ de latitude sud : elle a à son entrée trois ou quatre milles de largeur ; elle paroît non moins profonde que large. Plusieurs îles qui la parsèment, doivent fournir un abri contre tous les vents. La pointe septentrionale, vue du sud-est ¼ sud, est fort remarquable par cinq rochers élevés à pic, qui ont une sorte de ressemblance avec les quatre doigts et la paume de la main d'un homme. Je l'appelai, pour cette raison, *point five fingers* (la pointe des cinq doigts).

Depuis cette pointe jusqu'au 44 deg. 20' de latitude, règne une chaîne étroite de collines, dont la base s'appuie sur la mer, et qui sont couvertes de forêts. A peu de distance de ces collines, on voit une nouvelle chaîne formée par des montagnes d'une hauteur prodigieuse, la plupart composées de roches pelées et tout-à-fait nues, excepté dans les endroits où elles sont couvertes de neige.

Il est impossible de se figurer une perspective plus sauvage et plus affreuse que celle de cette contrée.

L'œil ne découvre, de toutes parts, que les pointes des rochers, qui sont tellement amoncelés, qu'au lieu de vallées on n'y voit que des fentes énormes. Depuis le 44 deg. 20′, jusqu'au 42 deg. 8′, les montagnes s'enfoncent dans l'intérieur; la côte n'offre plus que des vallées et des collines verdoyantes.

En continuant notre marche, nous arrivâmes, le 27, à la vue de l'île que j'avois reconnue, de l'entrée du canal de la Reine Charlotte. Nous comptâmes 40 deg. 33′ de latitude sud.

Nous avions désormais achevé le tour de la Nouvelle-Zélande, et il fallut nous préparer à la quitter. Je fis, avec MM. Banks et Solander, une excursion qui leur procura la découverte de plusieurs plantes nouvelles. Nous ne vîmes pas d'habitans, mais des huttes qui paroissoient abandonnées depuis long-temps. M. Banks examina quelques-unes des pierres du rivage ; leur cassure étoit remplie de veines ; elles paroissoient contenir un minérai ; mais il ne put s'assurer du fait. S'il avoit pu examiner les roches nues, il eût peut-être été plus heureux. Il pensa aussi que ce que j'avois pris dans un autre endroit pour du marbre, étoit un minérai; et comme la latitude de ce pays correspond à celle de l'Amérique méridionale, il est vraisemblable qu'avec des recherches exactes, on pourroit y découvrir quelque chose de précieux.

J'étois incertain sur la route que j'avois à tenir pour retourner en Angleterre. J'avois une forte envie de revenir par le cap Horn, afin de décider s'il existe ou non de continent austral; mais c'étoit une témérité de tenter une pareille entreprise, au milieu de l'hiver, avec un bâtiment qui n'étoit pas en état d'en remplir l'objet. Le même inconvénient nous empêchoit de cingler directement vers le cap de Bonne-Espérance. Nous prîmes donc le parti de retourner en Europe par les Indes orientales, et de gouverner à l'ouest vers la *Nouvelle-Hollande*.

J'appelai *baie de l'Amirauté*, celle d'où nous venions de partir. Je donnai le nom de cap *Stephens*, à la pointe nord-est, et le nom de cap *Jackson*, à la pointe sud-est, par considération pour ces deux secrétaires de l'amirauté.

Je vais donner un aperçu de ce pays et de ses habitans, de leurs mœurs et de leurs coutumes, autant que nous avons pu nous en instruire, en faisant le tour de la côte.

CHAPITRE XIV.

Description de la Nouvelle-Zélande.— Situation, climat et productions de cette île.

Abel Jensen Tasman, navigateur hollandois, a, le premier, découvert la *Nouvelle-Zélande*, le 13 décembre 1642. Il en traversa la côte orientale, depuis le 34 deg. jusqu'au 43 deg. de latitude. Il entra dans le détroit qui partage les deux îles, et que nous avons nommé le *détroit de Cook*. Assailli par quelques naturels du pays, dans la baie qu'il appela, pour ce sujet, *baie des assassins*, pendant qu'il étoit à l'ancre, il ne fit aucun débarquement. Il avoit appelé ce pays, *la terre des Etats*, en l'honneur des *états-généraux*. Toute cette contrée, si nous en exceptons la partie de la côte que Tasman aperçut, étant demeurée absolument inconnue, jusqu'au voyage de l'*Endeavour*; plusieurs auteurs se sont imaginés qu'elle faisoit partie d'un continent austral. On sait à présent que ce sont deux grandes îles séparées par un détroit large de quatre à cinq lieues.

La plus septentrionale est appelée, par les naturels du pays, *Eaheinomauwe*, et la plus méridionale, *Tavai-Poenannuoo*.

Tavai-Poenannuoo est, pour la majeure partie, un pays montueux et stérile. Nous n'avons découvert dans toute cette île, d'autres habitans que les insulaires que nous rencontrâmes dans le canal de la *Reine Charlotte*, et ceux qui s'avancèrent vers nous, au-dessous des montagnes de neige.

Eaheinomauwe présente un aspect plus riant. Le terrain, il est vrai, est loin d'être uni ; mais les collines, ainsi que les montagnes, sont couvertes de bois. Chaque vallée est pourvue d'un ruisseau d'eau douce. Le sol de ces vallées et celui des plaines, est généralement léger, mais fertile. MM. Banks, Solander, et d'autres personnes éclairées, parmi nos compagnons, pensent que les végétaux d'Europe y viendroient tous avec le plus grand succès. A en juger par les plantes qu'on y trouve, les hivers doivent y être plus doux qu'en Angleterre. Nous avons vérifié que l'été n'y étoit pas plus chaud, quoique la chaleur fût plus uniforme. Il ne faudroit donc pas infiniment de soins et de travaux, pour y former un établissement européen.

Les chiens et les rats sont les seuls quadrupèdes que nous ayions vu dans

dans ce pays ; encore les rats eux-mêmes sont en petit nombre. Les chiens sont élevés uniquement pour servir de nourriture aux hommes. Il y a aussi sur la côte des veaux marins, des baleines, mais peu de lions marins, car nous n'en vîmes qu'un seul. On trouve, en fait d'oiseaux, des albatross, des fous, des pintades et des pingoins ; mais, en général, cette classe d'animaux y est peu nombreuse. Les insectes ne s'y trouvent pas en plus grande abondance ; ils consistent en quelques papillons, escarbots, mouches de viande, assez semblables à celles d'Europe, et en quelques mosquites et mouches de sable, qui sont peut-être les mêmes que celle de l'Amérique septentrionale : elles étoient en petit nombre , et nous n'en éprouvâmes aucune incommodité. En revanche, la mer abonde en poissons de toute espèce. Le mets le plus délicat qu'elle nous offroit, étoit une espèce de homard.

Les forêts de la Nouvelle-Zélande sont belles , étendues et remplies de bois de charpente, les plus beaux et les plus gros que nous ayions jamais vus. La plus grande partie du pays est couverte de verdure , mais il y a peu de végétaux comestibles. Nous cueillîmes, avec plaisir, du céleri sauvage et une espèce de cresson que l'on y trouve abondamment. Il y a encore des citrouilles, des plantations d'ignames et de patates. Nous rencontrâmes une plante, que les gens de campagne, en Angleterre, nomment *lamb's quartier*, ou *fat-hen* (quartier d'agneau, ou poule grasse). On peut la faire bouillir en guise de légumes. Les arbres et les arbrisseaux ne portent point de fruits mangeables. Les habitans se servent d'une plante dont les feuilles ressemblent à celles des glayeuls, et qu'ils emploient, au lieu de chanvre, pour faire leurs habillemens ; ils en tirent une espèce de soie blanche comme la neige. Cette plante seroit très-avantageuse à l'Angleterre, si elle y étoit naturalisée : elle préfère les lieux marécageux.

La baie Mercure contient une grande abondance de sable ferrugineux. Si la Grande-Bretagne vouloit établir une colonie dans la Nouvelle-Zélande, je pense que ce seroit dans cette baie qu'il faudroit la placer, sur les bords de la *Tamise*. La Nouvelle-Zélande n'est guères peuplée que sur les côtes de la baie Pauvreté et de la baie d'Abondance, *bay of Plenty*.

Les Zélandais ont, en général, la taille des Européens les plus grands, et sont très-actifs; ils sont, en général, moins bruns qu'un Espagnol qui a été exposé au soleil. Les femmes ont la voix douce et sont très-enjouées. Les deux sexes ont de beaux traits; leur principale nourriture est le poisson. On peut leur reprocher la coutume exécrable de se nourrir de chair humaine; car, quoi qu'en aient pu dire quelques philosophes, il n'est pas indifférent d'enterrer ou de manger le corps d'un ennemi tué. Dans le dernier cas, c'est détruire ce sentiment d'humanité qui arrête plus sûrement la main d'un assassin, que le spectacle ou la perspective d'un châtiment rigoureux. Il est toujours plus facile de résister à la voix du devoir qu'à celle de la nature. Pour être convaincu de ce que j'avance, il suffit de se demander à soi-même si l'on ne se croiroit point plus en sûreté avec l'homme qui n'auroit que l'instinct de l'humanité, qu'avec celui qui ne seroit arrêté dans ses passions que par des considérations d'intérêt personnel.

Ces hommes habitués à ne voir

que des ennemis dans des étrangers, n'ont pas cru d'abord à notre bonne foi, parce qu'ils ne croyoient point à notre supériorité. Ce n'est que lorsqu'ils eurent fait l'expérience de nos forces et de notre clémence, qu'ils sont devenus nos amis sans réserve ; mais depuis ce temps, nous n'avons pas eu à nous plaindre d'eux.

Nous avons trouvé chez ces peuples la réserve, la décence et la modestie qu'on remarque chez les peuples civilisés de l'Europe. Leurs femmes n'étoient pas cruelles, mais elles succomboient avec non moins de décence, que nos femmes anglaises, lorsqu'elles se rendent aux desirs de leurs époux ; et, d'après leurs idées reçues, elles mettent tout autant d'innocence dans la stipulation du prix de leurs faveurs. Lorsqu'un de nos gens adressoit des propositions à quelqu'une de ces jeunes insulaires, elle lui répondoit qu'il lui falloit le consentement de sa famille ; et on l'obtenoit ordinairement, au moyen d'un présent. Une fois cet arrangement fait, il falloit encore, pendant une nuit, traiter cette femme avec beaucoup d'égards ; et celui qui s'avisoit de prendre tout-à-coup trop de libertés, étoit bien certain de ne pas réussir dans ses vues.

Un de nos officiers ayant demandé une épouse à l'une des meilleures familles du pays, en reçut une réponse qui, rendue en notre langue, signifie à peu près ceci :

« Toutes ces jeunes femmes seront
« infiniment honorées de votre
« choix, mais il faut nous faire un
« présent convenable, et venir en-
« suite passer une nuit à terre avec
« nous, car la lumière du jour ne
« doit point être témoin de ce qui
« doit se passer. »

J'ai déja eu occasion de dire qu'ils ne sont pas sur leurs personnes aussi propres que les habitans d'Otahiti, parce que leur climat n'étant point aussi chaud, ils ne sont pas forcés de se baigner aussi souvent ; mais l'huile dont, ainsi que les Islandois, ils oignent leurs cheveux, est ce qu'ils ont de plus repoussant.

Cette huile est de la graisse fondue, d'oiseau ou de poisson. Les insulaires les plus notables l'emploient fraîche ; mais ceux d'une classe inférieure se servent de celle qui est rance ; ce qui les rend aussi dégoûtans que des Hottentots. Bien qu'ils aient des peignes d'os et de buis, leurs têtes ne sont pas exemptes de vermine. Quelquefois ils portent ces peignes dressés sur leurs cheveux. Les hommes ont, d'ordinaire, la barbe courte et les cheveux relevés au-dessus de la tête. Ils y arrangent, de différentes manières, des plumes d'oiseaux : d'autres les font avancer en pointe de chaque côté des joues ; ce qui leur donnoit l'aspect le plus difforme. Parmi les femmes, les unes ont les cheveux courts, d'autres les laissent flotter sur leurs épaules.

Les deux sexes ont le corps marqué de taches noires, dites *amoco*. Cette opération est la même que celle du *tattou*, à Otahiti ; mais les hommes en ont plus que les femmes. Celles-ci, pour la plupart, ne peignent que leurs lèvres : quelques-unes avoient ailleurs de légères marques noires. Les hommes, au contraire, se font un plaisir d'ajouter, chaque année, à cette bizarre parure ; de sorte que plusieurs vieillards en étoient presqu'entièrement couverts, de la tête aux pieds. Outre l'*amoco*, ils ont encore des marques extraordinaires, qu'ils s'impriment sur le corps par un procédé qui nous est inconnu. Ce sont des sillons d'environ une ligne de profondeur, dont les bords sont dentelés, et qui, devenus parfaitement noirs, offrent un aspect effrayant. Les marques du corps ressemblent un peu aux feuilles d'acanthe, et autres ornemens de ce genre, qu'on voit sur les ouvrages de ciselure ancienne, ou aux circonvolutions des *filigranes*. (*Voyez* planche XVIII du Ier Atlas.)

Leur imagination est si féconde pour cette sorte de parures, que de cent hommes qui, au premier aspect, sembloient présenter exactement les mêmes figures, il ne s'en trouvoit pas deux qui, examinés de près, en eussent de semblables.

Ces peuples se barbouillent encore tout le corps avec de l'ocre rouge; quelques-uns le frottent avec cette substance en état de siccité; d'autres la détrempent avec leur huile, qui est toujours humide, et s'en font des taches énormes : aussi ne pouvoit-on les toucher sans se communiquer des marques de peinture ; de sorte que les gens de notre équipage, qui donnoient quelques baisers aux femmes du pays, en conservoient l'empreinte sur le visage.

L'habillement d'un naturel de la *Nouvelle-Zélande*, est, aux yeux d'un étranger, le plus grossier et le plus bizarre dont on puisse se faire une idée. Il est composé des feuilles d'une espèce de glayeul, qu'ils découpent en trois ou quatre bandes ; et lorsqu'elles sont sèches, ils les entrelacent et en forment

ment une espèce d'étoffe qui tient le milieu entre les nattes de jonc et le drap. Les bouts des feuilles, qui ont huit ou neuf pouces, forment des saillies. Il faut, pour un habillement complet, deux pièces de cette étoffe. L'une est fixée sur l'épaule avec un cordon, et pend jusqu'aux genoux. Ils attachent au bout de ce cordon une aiguille d'os qui joint ensemble les deux parties de ce vêtement; l'autre pièce entoure les reins, et pend presque à terre. Cependant les hommes ne portent cet habit de dessous que dans des occasions particulières; mais ils ont une ceinture où pend une petite corde destinée à un singulier usage. Les insulaires de la mer du Sud se fendent le prépuce, afin qu'il ne couvre pas le gland. Les naturels de la Nouvelle-Zélande ramènent, au contraire, le prépuce sur le gland; et pour l'empêcher de se retirer, par la contraction naturelle de cette partie, ils en nouent l'extrémité avec le cordon, qu'ils attachent, pour cet effet, à leur ceinture. Le gland sembloit être la seule partie de leur corps qu'ils desirassent cacher : ils se dépouilloient, sans scrupule, de tous leurs vêtemens, excepté de la ceinture et du cordon ; mais ils étoient extrêmement confus, lorsque, pour satisfaire notre curiosité, nous les invitions à délier le cordon. Ils n'y consentoient jamais qu'avec des témoignages évidens de honte et de répugnance.

Quand ils n'ont que leurs habits de dessus, et qu'ils s'accroupissent, ils ressemblent assez bien à une maison couverte de chaume. Quoique ce vêtement ne soit pas agréable à l'œil, il est fort bien adapté à la manière de vivre d'hommes qui couchent souvent en plein air, sans avoir d'autres moyens de se mettre à l'abri de la pluie.

Ils ont encore deux autres sortes d'étoffes dont la surface est unie, et qui sont faites avec beaucoup d'art, assez semblables à celles que fabriquent les habitans de l'extrémité méridionale de l'Amérique.

Les femmes, contre l'habitude générale de leur sexe, semblent moins rechercher leur toilette, que ne le font les hommes. Leurs vêtemens sont faits des mêmes matières et de la même forme que ceux de l'autre sexe ; mais celui d'en-bas enveloppe toujours le corps, excepté quand elles entrent dans l'eau pour prendre des écrevisses de mer : elles l'ôtent alors ; mais elles ont grand soin de ne pas être vues par les hommes.

Un jour que nous débarquâmes sur une petite île, dans la baie de *Tologa*, nous en surprîmes plusieurs dans cette occupation. La chaste Diane et ses nymphes ne sauroient avoir montré plus de confusion et de dépit à la vue d'Actéon, que notre arrivée n'en causa à ces femmes. Les unes allèrent se cacher au milieu des rochers ; les autres se tapirent dans la mer, jusqu'à ce qu'elles se fussent formé une ceinture et un tablier des herbes marines qu'elles rassemblèrent ; et lorsqu'elles en sortirent, nous observâmes que, malgré ce voile, notre présence blessoit beaucoup leur modestie.

Les deux sexes se percent les oreilles, et en élargissent les trous, de manière qu'on y puisse faire entrer au moins un doigt. Ils passent dans ces trous des ornemens de différentes espèces ; de l'étoffe, des plumes, des os de gros oiseaux, et quelquefois un petit morceau de bois : ils y mettoient ordinairement les clous dont nous leur faisions présent, et tout ce qui étoit susceptible d'y être porté. Quelques femmes y mettent le duvet de l'albatrosse, qui est aussi blanc que la neige, et qui, étant relevé des deux côtés, présente une touffe de la grosseur du poing et de l'apparence la plus singulière. Outre les objets qu'ils font entrer immédiatement dans les trous des oreilles, ils en suspendent d'autres avec des cordons. Ce sont des ciseaux ou des aiguilles de tête en talc vert; des ongles et des dents de leurs parens défunts; des dents de chiens, et toutes les autres choses qu'ils peuvent se procurer, et qu'ils regardent comme étant de quelque valeur. Les femmes ont des brasselets et des colliers, composés d'os d'oiseaux, de coquillages, ou d'autres objets, qu'elles enfilent en manière de chapelet. Les hommes suspendent quelquefois à un cordon qui tourne autour de leur cou, un morceau de talc vert, ou d'os de baleine, à peu près de la forme d'une langue, et sur lequel on a grossièrement sculpté une figure d'homme. Ils estiment beaucoup cette parure. Nous avons vu un Zélandais dont le cartilage qui divise les narines étoit percé : il y avoit inséré une plume qui s'avançoit en saillie de chaque côté des joues. Parmi tous les Indiens que nous avons rencontrés, aucun n'en portoit de semblables. Nous n'avons pas même vu à leur nez de trou qui pût servir à cet usage.

De tous leurs ouvrages, leurs habitations sont les plus grossiers. Si l'on en excepte la grandeur, à peine méritent-elles d'être comparées à nos chenils d'Angleterre. Rarement elles ont plus de dix-huit ou vingt pieds de long, huit ou dix de large, et cinq ou six de haut, depuis la poutre qui se prolonge d'une extrémité à l'autre, et qui forme le comble jusqu'à terre. La charpente est composée de perches fort minces ; les côtés, ainsi que le toit, d'herbes sèches et de foin : le tout est joint avec bien peu de solidité. Quelques-unes sont garnies, en-dedans, d'écorces d'arbres, de sorte que, par un temps froid, elles doivent procurer un très-bon asyle. La porte est à une des extrémités ; un seul homme peut y passer à la fois, encore faut-il qu'il se traîne sur ses mains et ses genoux. Près de la porte, il y a un trou carré qui sert en même temps de fenêtre et de cheminée, car c'est là qu'est placé l'âtre du foyer. Dans quelque endroit visible, et ordinairement près de la porte, ils attachent une planche, ornée de sculptures à leur manière. (*Voy*. la planche XIX du Ier Atlas.) Cette planche a pour eux autant de prix que nous en attachons à un tableau. Leurs meubles et ustensiles sont en petit nombre; un coffre les contient tous, excepté leurs paniers de provisions, les citrouilles où ils conservent l'eau douce, et les maillets dont ils battent leur racine de fougère. Ces derniers outils sont placés généralement en dehors de la porte.

Ceux qui sont d'un rang distingué, et dont la famille est nombreuse, ont trois ou quatre habitations enfermées dans une cour. Les cloisons en sont faites avec des perches et du foin, et ont dix ou douze pieds de hauteur.

La racine de fougère est leur principal aliment; elle leur sert de pain. Ils la recueillent sur les collines. Cette plante n'est qu'une variété de celles que produisent les hauteurs de l'Angleterre, et qu'on appelle *fern bracken* ou *brakes*. Les oiseaux qu'ils mangent dans leurs festins, sont des pingoins, des albatrosses, et un petit nombre d'autres espèces.

Comme ils n'ont point de vase où ils puissent faire bouillir de l'eau pour apprêter leurs alimens, ils les font cuire dans une espèce de four, ou bien ils les rôtissent. Leurs fours sont à peu près les mêmes que ceux des insulaires de la mer du Sud; et pour faire rôtir leur viande, ils l'attachent à une longue broche placée obliquement vers le feu.

J'ai observé ailleurs, qu'au nord de la *Nouvelle-Zélande* on voit des plantations d'ignames, de pommes de terre et de cocos : nous n'en avons point vu de semblables au Sud. Il est certain qu'ils ne peuvent pas se procurer de la fougère et du poisson dans tous les temps de l'année, puisque nous en avons vu des provisions sèches, mises en tas, et puisque quelques-uns montrèrent de la répugnance à nous en vendre, particulièrement du poisson, lorsque nous voulions en acheter pour l'embarquer. Cela paroît confirmer mon opinion, que ce pays fournit difficilement à la subsistance de ses habitans; que la disette nécessite, en conséquence, des hostilités continuelles, et porte naturellement à manger les cadavres de ceux qui ont péri dans les combats.

Nous n'avons pas découvert qu'ils aient d'autre boisson que de l'eau : s'ils ne font point réellement usage de liqueurs enivrantes, ils sont, sur cela, plus heureux que les autres peuples que nous avions visités jusque-là, et dont nous eussions ouï parler.

Comme l'intempérance et le défaut d'exercice sont peut-être la seule cause des maladies critiques ou chroniques, il ne sera pas surprenant

prenant que ces peuples jouissent, sans interruption, d'une santé parfaite. Nous avons déja cité plus haut une preuve du bon tempérament de ces peuples, en parlant de la facilité avec laquelle des blessures récentes se guérirent et se cicatrisèrent.

Lorsque nous examinâmes l'homme qui avoit reçu une balle de fusil dans les muscles charnus du bras, sa blessure paroissoit en si bon état, et si près d'être guérie, que si je n'avois été certain qu'on n'y avoit appliqué aucun remède, j'aurois, pour l'intérêt de l'humanité, pris des renseignemens sur les plantes vulnéraires et sur les opérations chirurgicales du pays.

Ce qui prouve encore que les habitans de cette contrée sont exempts de maladies, c'est le grand nombre de vieillards très-avancés en âge que nous y avons vus : aucun d'eux, cependant, n'étoit décrépit; et quoiqu'ils n'eussent plus autant de force musculaire que les jeunes, ils n'étoient ni moins gais, ni moins vifs.

CHAPITRE XV.

Pirogues et navigation de la Nouvelle-Zélande. — Agriculture, armes et musique. — Gouvernement, religion et langage. — Objection contre l'existence d'un continent méridional.

C'EST dans la construction des pirogues, plus que dans toute autre chose, que se fait voir l'industrie de ces peuples; elles sont longues et étroites. Les plus grandes paroissent spécialement destinées à la guerre, et portent de quarante à quatre-vingts ou cent hommes armés (*Voy.* la Planche XX du Ier Atlas.) : quelques-unes des plus petites ont des balanciers. Ils en joignent quelquefois deux ensemble, mais cela est fort rare. Les rames ou pagaies sont petites, légères, et faites avec propreté. A l'aide de ces instrumens, ils font marcher leurs pirogues avec une vîtesse étonnante.

Ils ne sont pas fort habiles dans la navigation, et ne connoissent point d'autre manière de faire voile que d'aller devant le vent.

Ils ont deux sortes de haches et des ciseaux qui, de plus, leur servent de tarières pour faire des trous. Leurs haches sont d'une pierre noire et dure, ou d'un talc vert, compact et qui ne casse point. Leurs ciseaux sont formés avec des ossemens humains ou des morceaux de jaspe, qu'ils taillent en petits morceaux angulaires et pointus, assez semblables à nos pierres à fusil. Leurs haches sont pour eux la plus précieuse de leurs possessions; ils ne voulurent jamais nous en céder une seule, quelque chose que nous offrîmes en échange. Leurs petits outils de jaspe sont employés à finir les ouvrages les plus délicats; ils s'en servent jusqu'à ce qu'ils soient entièrement émoussés; et comme ils ne savent pas les aiguiser, ils les jettent quand ils les trouvent hors de service.

Nous avons donné, aux naturels de *Tolaga*, un morceau de verre, et bientôt ils vinrent à bout de le trouer, afin de le suspendre, avec un fil, autour de leur cou. Nous présumons que pour cela, ils se servirent d'un morceau de jaspe.

J'ai déja parlé de leurs filets, et sur-tout de leur seine, qui est d'une étendue immense. Nous en vîmes une qui paroissoit l'ouvrage de tout un village, et je crois que c'en étoit la propriété commune.

L'agriculture y a atteint le degré auquel on peut s'attendre dans un pays où un homme n'ensemence que pour lui; où la terre produit à peine assez de fruits pour nourrir ses habitans. Lorsque nous visitâmes, pour la première fois, un canton appelé *Regadoo*, les semences venoient d'être mises en terre, et n'avoient point encore levé. Le terreau étoit aussi uni que celui de nos jardins : chaque racine avoit un petit mondrain ; tous étoient rangés par file, en quinconce régulier, et les chevilles de bois qui avoient servi à l'alignement, étoient encore en place. Nous n'avons pas eu occasion de voir labourer, mais nous avons examiné l'instrument qui fait la double fonction de bêche et de charrue. C'est un long pieu aminci et aiguisé par l'un des bouts, avec un petit morceau de bois fixé transversalement à peu de distance au-dessus du tranchant, afin que le pied puisse commodément le faire entrer dans la terre. Avec cet instrument, qui n'a pas plus de trois pouces de large, ils retournent des pièces de terre de six ou sept acres d'étendue; il est vrai que la qualité meuble et sablonneuse du sol offre peu de résistance.

C'est dans la partie septentrionale de la Nouvelle-Zélande, que l'agriculture, l'art de fabriquer les étoffes, et les autres arts de la paix, semblent mieux connus et plus cultivés. Il en existe peu de traces dans la partie méridionale; mais sur toute la côte, les arts qui appartiennent à la guerre sont très-florissans.

Leurs armes ne sont pas en grand nombre; mais elles sont très-propres à détruire leurs ennemis : ils ont des lances, des javelots, des haches de guerre et le *patou-patou*. La lance a quatorze ou quinze pieds de long ; elle est pointue aux deux extrémités, et quelquefois garnie d'un os : on la saisit par le milieu, de sorte que la partie de derrière se trouvant en équilibre avec celle de devant, le coup en est bien plus difficile à parer que celui d'une arme qu'on tient par un des bouts. Ces peuples n'ont ni frondes ni arcs; ils lancent le javelot, ainsi que les pierres, avec la main; mais ils s'en servent rarement, si ce n'est pour défendre leurs forteresses. Leurs combats, à terre ou dans les pirogues, se font de corps à corps. Le massacre doit conséquemment être considérable, puisque si le premier coup de quelques-unes de leurs armes porte, ils n'ont pas besoin d'en assener un second pour tuer leur ennemi. Ils paroissent mettre leur plus grande confiance dans le *patou-patou*, qui est attaché à leur poignet avec une forte courroie, de peur qu'on ne le leur arrache par force. (*Voyez* la planche XXI du Ier Atlas.) Les principaux personnages du pays le pendent à leur ceinture, en guise d'un ornement militaire ; il fait partie de leur habillement, comme le poignard chez les Asiatiques, et l'épée chez les Européens. Les chefs ont un bâton de distinction : c'est ordinairement une côte de baleine d'une blancheur éclatante, et ornée de poil de chien et de plumes, ou bien un bâton de six pieds, garni de coquillages incrustés. Ceux qui sont honorés de ces marques, sont presque toujours des vieillards, et ont plus de taches d'*amoco* sur le corps que les autres.

Il y avoit toujours un ou plusieurs de ces chefs dans chaque pirogue. Lorsqu'ils s'approchoient du vaisseau, ils se couvroient d'une peau de chien, et commandoient l'attaque à leurs compatriotes : ou bien, s'ils se croyoient hors de la portée de nos armes, ils nous crioient pour défi : *Haromai, haromai harre uta a patou-patou oge*; ce qui signifie : « Venez à nous, ve-
« nez à terre, et nous vous tuerons
« tous avec nos *patou-patou*. » Ils s'approchoient ainsi insensiblement

de notre-bâtiment, en répétant toujours les mêmes paroles ; et ce n'est qu'après avoir lassé notre patience par ces injures, qu'ils commençoient à nous jeter des pierres, et nous forçoient à leur tirer quelques coups de fusil.

Leur danse de guerre, qu'ils ne manquoient jamais d'exécuter avant de préluder au combat, consiste à faire beaucoup d'affreuses contorsions, principalement du visage : ils tiroient la langue d'une longueur extraordinaire, et ils relevoient leurs paupières de manière à laisser voir tout le blanc de l'œil. Pendant ce temps-là, ils agitent leurs armes, ou frappent en cadence, avec le pagaie, sur le bord des pirogues. Lorsqu'ils chantoient, nous crûmes remarquer que leurs airs étoient à plusieurs parties; au moins il est sûr qu'il y avoit plusieurs voix ensemble. Les femmes, surtout, ont la voix d'une douceur charmante; leur accent est tendre; la mesure est lente, et la chute plaintive. Ils ont pour instrumens de musique un petit sifflet de bois d'un ton peu agréable, et une coquille appelée *la trompette de Triton*, dont ils tirent des sons assez semblables à ceux qu'on obtient avec une corne de bœuf.

Nous avons vu par-tout des *hippahs*, ou villages fortifiés, dans la Nouvelle-Zélande, excepté dans les environs de la baie *Pauvreté*, de la baie *Hawke*, de *Tegadoo* et de *Tolaga*. Il y avoit seulement sur
la

la côte, des plate-formes fort longues, garnies de pierres et de dards. Nous pensâmes que ces deux sortes de retraite ne servent aux Indiens, et ne peuvent leur servir que pour les mettre à l'abri d'un coup de main de la part de leurs ennemis; car ils n'y ont pas d'eau, et ne sauroient y soutenir un siége. Nous regrettâmes beaucoup de n'avoir pu nous entretenir, avant notre départ, avec le roi *Teratu*, dont on nous parla souvent, et dont les états embrassent une étendue de quatre-vingts lieues, depuis le cap *Kidnappers* jusqu'à *Plenty-Bay*. Nous n'avons pu nous procurer aucuns renseignemens sur les usages des Zélandais, sur leur religion, leur manière d'enterrer leurs morts, etc.

Tout ce que nous avons su, c'est que leur langue diffère très-peu de celle des îles de la mer du Sud ; ils croient tous descendre d'un pays appelé *Heawise*. Nous avons unanimement pensé que ce pays n'étoit point l'Amérique située à l'est, mais bien un pays placé à l'ouest.

Nos recherches dans ces mers ont prouvé que la terre vue par *Tasman*, *Juan-Fernandès*, le Hollandois *Lhermite*, *Quiros* et *Roggwin*, ne faisoit point partie d'un continent méridional, comme on l'a supposé ; elles ont également détruit l'argument de quelques physiciens qui prétendoient que l'hémisphère méridional seroit trop léger, s'il n'y avoit point un continent. La route que j'ai suivie, et celle des navigateurs qui m'ont précédé, ont tellement circonscrit l'espace où l'existence de ce continent seroit possible, que je suis fondé à croire qu'il n'y en a point. Je n'ai d'ailleurs eu aucun signe de terre pendant ma traversée. A la vérité, j'ai rencontré fréquemment des monceaux de goëmons, mais cela ne prouve rien : on sait que tous les ans une très-grande quantité de fèves, appelées *ox eyes* (yeux de bœuf), qui ne croissent que dans les îles américaines, sont portées sur les côtes d'Irlande, à douze cents lieues de là.

CHAPITRE XVI.

Route de la Nouvelle-Zélande à Botany-Bay, sur la côte orientale de la Nouvelle-Hollande. — Incidens divers. — Description du pays et de ses habitans.

Le 31 mars, nous fîmes voile du cap *Farewell* (adieu), situé au 40 deg. 33″ de latitude sud. Le 19 avril, nous vîmes terre sur la côte de la *Nouvelle-Hollande*. M. Hicks aperçut le premier une pointe de terre à laquelle j'ai donné son nom. Je n'ai pas pu vérifier si la terre s'étend, sans interruption, depuis le cap *Diemen*, de l'est à l'ouest. De la *pointe Hicks*, on n'apercevoit point terre au sud. Je donnai le nom de *Ram-Head* (tête de bélier) à une pointe semblable à celle de l'entrée de la passe de *Plymouth*, qui porte le même nom. Le pays nous parut bas et couvert de verdure. Nous doublâmes un promontoire, que j'appelai le *cap Howe*. La fumée que nous vîmes s'élever de plusieurs points de la côte, ne nous permit pas de douter que le pays ne fût habité. Je reconnus et nommai successivement le *mont* et le *cap Dromadaire*, la pointe *Upright*, le mont *Pigeon-House* (colombier), le *cap Georges*, la pointe *Long-nose* (long nez), et celle que j'appelai *Red-Point* (pointe rouge). Le 28 avril, nous débarquâmes dans une baie qui paroissoit être à l'abri de tous les vents. Les Indiens, lorsqu'ils virent le vaisseau approcher, nous firent plusieurs signes de menaces ; leurs visages sembloient être couverts d'une poudre blanche, et ils avoient le corps bigarré de larges raies de la même couleur. Ceux qui nous observoient dans leurs canots, débarquèrent, et se mirent à dîner, sans avoir l'air de s'occuper de nous. Nous nous attendions à débarquer sans éprouver de résistance, mais nous fûmes bien surpris de voir que deux Indiens seulement, armés chacun d'une pique de dix pieds de long, et d'un bâton court, paroissoient disposés à nous disputer le passage, malgré que nous fussions quarante. Ne pouvant m'empêcher d'admirer leur courage, je refusai un combat si inégal, et je fis défendre à nos rameurs d'avancer. Nous nous entretînmes avec eux pendant un quart-d'heure, par signes ; car ni nous, ni Tupia, ne comprenions rien à leur langage rude et barbare. Je leur jetai des clous, des verroteries et plusieurs autres bagatelles qui parurent leur faire plaisir; mais toutes leurs démonstrations d'amitié cessèrent, lorsqu'ils nous virent manifester de nouveau l'intention de débarquer.

Il ne me restoit d'autre moyen pour parvenir à débarquer et faire notre provision d'eau sans obstacle, qu'à tirer un coup de fusil entre les deux naturels : l'un, qui étoit un jeune homme d'environ vingt ans, fut effrayé du bruit, et laissa tomber un paquet de lances, qu'il ramassa avec beaucoup de vivacité ; l'autre, qui étoit d'un moyen âge, fut atteint aux jambes d'une décharge à petit plomb : il courut chercher une sorte de bouclier. Ils nous jetèrent des pierres et des espèces de javelines, dont ils étoient armés ; mais un troisième coup de fusil, chargé à petit plomb, les fit fuir promptement.

Si nous avions voulu prendre la peine de les poursuivre, à coup sûr nous en aurions pris un. M. Banks nous fit songer que leurs lances pouvoient être empoisonnées, et je ne jugeai point prudent de nous risquer dans les bois. Nous entrâmes dans leurs huttes, et nous y vîmes les enfans cachés derrière des écorces d'arbres. Nous ne fîmes pas semblant de les apercevoir ; et avant notre départ, nous laissâmes dans la maison quelques verroteries, des rubans, des morceaux d'étoffes et autres bagatelles. Nous emportâmes environ une cinquantaine de lances que nous avions trouvées : elles ont de six à quinze pieds de long, avec quatre dents comme les *fouanes*, dont chacune est fort acérée et armée d'un os de poisson. La substance visqueuse et verte dont elles sont imprégnées, nous confirma dans l'idée qu'elles étoient empoisonnées ; mais dans la suite, nous apprîmes que notre opinion étoit erronée.

J'envoyai, le matin du 29 avril,

un détachement de matelots à l'endroit de la côte où nous avions d'abord débarqué. Je leur fis creuser des trous dans le sable, pour y puiser de l'eau.

J'allai à terre avec MM. Banks et Solander; et lorsque nous visitâmes la hutte où nous avions découvert les enfans, nous eûmes le chagrin d'observer qu'on n'avoit pas touché aux verroteries ni aux rubans que nous y avions apportés la veille, et de n'y voir aucun Indien. Tous ceux que nous rencontrâmes dans notre excursion, s'enfuirent à notre approche.

Les hommes que nous avions envoyés faire de l'eau et du bois, s'étant rendus à bord pour dîner, dix ou douze Indiens allèrent au lieu de l'aiguade, et considérèrent les futailles avec beaucoup de curiosité et d'attention ; puis ils disparurent.

Dans l'après-midi, nos gens étant retournés à terre, seize ou dix-huit Indiens armés s'avancèrent, avec audace, à une distance de cent verges, et s'y arrêtèrent. Deux d'entr'eux s'approchèrent un peu davantage. M. Hicks, qui commandoit le détachement, marcha avec un autre homme à leur rencontre, en leur offrant des présens, et en leur faisant toutes les démonstrations imaginables d'amitié et de bienveillance ; mais ce fut en vain, car ils se retirèrent avant qu'il pût les aborder. Je me rendis, le soir, avec MM. Banks et Solander, dans une petite anse sablonneuse, sur le côté septentrional de la baie, où nous prîmes, avec la seine, en deux ou quatre coups, plus de trois cents livres pesant de poisson.

Le 30, nos gens descendirent à terre comme à leur ordinaire. MM. Banks et Solander allèrent herboriser dans les bois. Tout-à-coup quinze Indiens s'avancèrent vers nos gens, en tenant dans leurs mains des bâtons qui, suivant le rapport du sergent, brilloient comme des fusils. Nos Anglois, qui étoient dispersés, se rassemblèrent aussitôt. Les Indiens, encouragés par cette fuite apparente, les poursuivirent. Ils s'arrêtèrent pourtant à quelques pas de là, et retournèrent

tournèrent dans les bois, après avoir poussé des cris réitérés. Ils se comportèrent de même le soir. Je les suivis moi-même, seul et sans armes, dans un espace de chemin assez considérable; mais je ne pus les déterminer à faire halte.

Ce jour-là, M. Green prit la hauteur méridienne du soleil, et trouva 34 deg. sud pour notre latitude. La variation de l'aiguille étoit de 11 deg. 3′ est.

Le premier mai, on enterra, près du lieu de l'aiguade, que je nommai, pour cette raison, *pointe Sutherland*, le corps d'un de nos matelots, nommé Forby-Sutherland, et décédé de la veille. Je fis, avec MM. Banks, Solander et plusieurs autres personnes, une excursion dans le pays. Nous observâmes que le sol étoit d'une terre marécageuse, ou d'un sable léger, et que des bois et des plaines coupoient agréablement la surface du pays.

Les arbres sont grands, droits et espacés de telle manière, que toute la campagne, excepté dans les marais, pourroit être cultivée sans forcer à les abattre. Nous aperçûmes plusieurs maisons, et des endroits où les insulaires avoient couché à la belle étoile. Nous ne découvrîmes qu'un seul habitant, lequel s'enfuit à notre aspect. Nous vîmes de loin, et en passant, un quadrupède à peu près de la grosseur d'un lapin : le chien de M. Banks le lança, mais ne put l'atteindre, parce qu'il se blessa à la jambe contre une souche d'arbre cachée dans les hautes herbes. Nous aperçûmes la fiente d'un animal herbivore, que nous jugeâmes être au moins de la grosseur d'un daim. Les arbres fourmilloient d'un grand nombre d'oiseaux de différentes espèces; il s'en trouvoit d'une grande beauté, et notamment des Ioriots et des kakatoès, qui volent par troupes nombreuses. Nous rencontrâmes un grand arbre qui distilloit une gomme assez semblable au *sang de dragon*. On avoit fait, dans quelques-uns, des entailles à trois pieds de distance les unes des autres, afin d'y pouvoir monter plus aisément.

Plusieurs excursions, que nous fîmes les jours suivans, ne furent guères plus heureuses. Nous ne pûmes lier conversation avec un seul Indien. La grande multitude de plantes que MM. Banks et Solander recueillirent dans cet endroit, me détermina à lui donner le nom de *Botany-Bay* (baie de Botanique). Elle est située au 34 deg. de latitude sud, et au 208 deg. 37 *l* de longitude ouest. Elle est vaste, sûre et commode. La côte y est, en général, plus haute que dans l'intérieur du pays. Il se trouve par-tout du bois en abondance; mais je n'y ai guères vu que deux espèces d'arbres qui puissent servir aux constructions; l'une ressemble assez au chêne d'Angleterre, et distille la gomme dont j'ai parlé; l'autre a la tige haute et droite comme le pin, et l'aubier en est assez ressemblant au chêne d'Amérique ; il est dur et pesant. J'y ai vu quelques arbrisseaux et plusieurs sortes de palmiers. Les palétuviers croissent en grand nombre près du fond de la baie. Parmi les oiseaux, nous avons vu des corneilles absolument les mêmes que celles d'Angleterre. La plupart des oiseaux aquatiques que nous y avons trouvés, nous étoient inconnus : un des plus remarquables, est noir et blanc, plus gros que le cygne, et assez ressemblant au pélican. Les huîtres, les moules, les pétoncles et autres coquillages, qu'on trouve en quantités prodigieuses sur les bancs de sable et de vase, paroissent la principale nourriture des habitans; ils ne les mangent pas crus, mais ils les font cuire, soit à terre, soit dans leurs pirogues.

Tous les habitans que nous avons rencontrés étoient absolument nus; ils ne paroissent ni nombreux, ni réunis par les liens de la société.

Pendant mon séjour dans ce havre, j'arborai journellement à terre le pavillon anglois, et je fis graver sur un des arbres, près de l'aiguade, le nom de notre vaisseau, avec la date du jour et de l'année où nous y arrivâmes.

FIN DU TOME TROISIÈME.

TABLE DES CHAPITRES

contenus dans le tome troisième du premier Voyage.

Premier Voyage du capitaine Cook.

Chap. VI. Vol du quart de nonante. — Ses suites. — Détention de Tootahah, et réconciliation. — Noms que les Otahitiens donnèrent à nos compagnons, pages 1

Chap. VII. Arrivée de plusieurs femmes au fort. — Cérémonies singulières, 22

Chap. VIII. Cérémonies funéraires des Otahitiens. — Musiciens ambulans et improvisateurs. — Chien mangé en régal par les Anglois. — Division d'Otahiti en deux péninsules, 43

CHAP. IX. Excursion dans la péninsule de Tiarrabou. — Figure singulière. — Moraï d'Oamo et d'Obéréa. — Retour au Port - Royal. — Expédition de M. Banks pour suivre le cours de la rivière. — Départ d'Otahiti ; pages 67

CHAP. X. Description particulière de l'île d'Otahiti et de ses habitans. — Habillemens et mœurs. — Manufactures. — Connoissances astronomiques des Otahitiens, 105

CHAP. XI. Maladies. — Funérailles. — Mariages et divorces. — Vue de diverses îles. — Arrivée à Huaheine et Ulietea, 125

CHAP. XII. Description de plusieurs baies de la Nouvelle-Zélande. — Séjour dans le canal de la reine Charlotte, et retour au cap Turnagain, 146

CHAP. XIII. Navigation complète autour de la Nouvelle-Zélande. — Côte et baie de l'Amirauté. — Départ de la Nouvelle-Zélande, 176

CHAP. XIV. Description de la Nouvelle-Zélande. — Situation, climat et productions de cette île, pages 185

CHAP. XV. Pirogues et navigation de la Nouvelle-Zélande. — Agriculture, armes et musique. — Gouvernement, religion et langage. — Objection contre l'existence d'un continent méridional, 214

CHAP. XVI. Route de la Nouvelle-Zélande à Botany-Bay, sur la côte orientale de la Nouvelle-Hollande. Incidens divers. — Description du pays et de ses habitans, 228

FIN DE LA TABLE.

www.ingramcontent.com/pod-product-compliance
Lightning Source LLC
Chambersburg PA
CBHW070648170426
43200CB00010B/2159